Paul Liekens

DIE GEHEIMNISSE DER PYRAMIDEN-ENERGIE

Mit vielen Anwendungsbeispielen
und Erfahrungsberichten

WINDPFERD
Verlagsgesellschaft mbH.

Der Autor

Paul Liekens wurde am 27. 5. 1939 geboren. Nach dem Abschluß der höheren Schule (Griechisch und Latein) absolvierte er das College für Marketing- und Topmanagement. Heute ist er Direktor von Candimex, einer Firma, die an Herz-Systemen und synergetischen Zusammenhängen (Forschung auf dem Gebiet der medizinischen Anwendung subtiler Energie) forscht. Paul Liekens hat in folgenden Bereichen Erfahrungen sammeln können: Astrologie (4 Jahre), Pendeln, Heilen, Tarot, esoterische Philosophie und Synthese-Training. Er experimentiert mit Pyramiden-Energien seit mehr als 10 Jahren und schrieb Bücher zu den Themen: Pyramiden, Reinkarnation, Chakren und Karma. Man schätzt ihn als hervorragenden Sprecher auf Konferenzen, Seminaren und Kongressen in ganz Europa.

Titel der Originalausgabe *Piramideenergieen in de Praktijk*
Erschienen *bei Parsifal Publications, Antwerpen*
Aus dem Holländischen von F. J. Lukassen, Text & Sprache GmbH
Die Übersetzung wurde überarbeitet von Ulrike Ares

6. Auflage 1998
7. Auflage 2001

Grafiken: Berthold Hinrichs
Umschlaggestaltung: Wolfgang Jünemann
Gesamtherstellung: Schneelöwe, 87648 Aitrang
ISBN 3-89385-018-X

Printed in Germany

Inhaltsverzeichnis

Dankeswort

Dieses Buch widme ich meiner Frau, die mir vor 10 Jahren arglos ein Buch gab, in dem sich einige Sätze über Pyramidenenergie fanden.

Als dann 10 Jahre später, nach den ersten Veröffentlichungen in den Medien die Welle des Interesses losbrach, hat auch sie den Ansturm der Neugierigen und Interessierten auffangen müssen, der bis in unser Privatleben eindrang.

Weiterhin möchte ich allen unseren Freunden danken, die mir bei der Gründung von Omni-Scientia, bei Experimenten, der Organisation von Vorträgen, der Erledigung des Briefwechsels und mit ihrer moralischen Unterstützung zur Seite standen.

Ich möchte auch all die anderen nicht vergessen, die Skeptiker, die Spötter, diejenigen, die mit der Schulter zuckten, und vor allem nicht die Akademiker, die Wissenschaftler, die durch ihre negative Haltung ein großer Ansporn waren, mich weiter in die Pyramidenenergie zu vertiefen.

Manchmal gelangt man durch Widerstand weiter, wie zum Beispiel Krankheit ein Ansporn sein kann, Einsicht in die Gesundheit zu gewinnen.

Mein besonderer Dank gilt auch denen, mir mit ihrer Erfahrung bei der Zusammenstellung dieses Buches geholfen haben.

In alphabetischer Reihenfolge: Staf Bierynckx
Noud van den Eerenbeemt
Jef Van Hoye
Prof. Ing. P. C. Kreyger

Einführung

Während eines Urlaubs in der Bourgogne wurde ich mir der Tatsache bewußt, daß die für uns wahrnehmbare Welt nur eine von vielen Formen des Seins darstellt. Es gibt auch andere Welten, die uns alle gleichzeitig nebeneinander umgeben. Nur haben wir diesen Umstand bislang nicht erkannt.

Ich hatte mit meiner Frau und den Kindern ein Wohnboot gemietet:

Ein Flachkahn mit einer Wohnkabine darauf, der es uns ermöglichte, mit einer Höchstgeschwindigkeit von 6 km/h über die schmalen Flüsse der Bourgogne zu schippern. Wir waren vierzehn Tage lang von der Welt praktisch völlig abgeschnitten, vor allem vom hektischen Alltagsleben.

Wir gerieten in einen kleinen, schmalen Fluß, auf dem Schifffahrt nur noch mit einem Kahn wie dem unseren möglich war. Vom Außenbordmotor kaum vorwärtsgetrieben, tuckerten wir langsam durch die Landschaft. Man hatte uns einen Schwengel mitgegeben und so konnten wir selbst anhand einer ausführlichen Anleitung von einer halben Seite Länge die wenigen vorhandenen Schleusen bedienen.

Nach zwei Tagen begannen wir uns so sehr an die Ruhe und Stille zu gewöhnen, daß wir den kurzen Besuch in einem kleinen, vergessenen Dorf, zur Auffrischung unseres Proviants, als Rückkehr in die Hektik empfanden.

In dieser Atmosphäre, in der Sonne und mit einem Buch in der Hand auf dem Dach des Bootes sitzend, werden einem die zahlreich umherfliegenden, in den Sträuchern und auf den Bäumen zwitschernden Vögel bewußt. Doch auch bei ihnen herrscht nicht immer eitel Sonnenschein: ein Vogel verfolgt den anderen unter lautem Gezeter und Protest. Wenn wir einen schönen Fleck und einen zum Befestigen des Bootes geeigneten Baum gefunden hatten, legten wir uns der Länge nach ins Gras und ließen die Natur auf uns wirken. Wir entdeckten dabei eine Welt, in der die verschiedensten Insekten in einer eigenen Ordnung lebten, die vielleicht besser als die unsere ist. Der Fluß war nicht nur für das Boot befahrbar, man konnte auch schwimmen. Das Wasser war so klar, daß man glaubte, die Fische mit der Hand fangen zu können. Doch nach einigen Versuchen stieg unsere Achtung vor den Fischen. Wir erinnerten uns voller Ehrfurcht an die Indianer, die genügend Einsicht in die Welt der Fische hatten, um sie nicht auf diese Weise zu überlisten.

Plötzlich wird einem klar, daß man eigentlich nie einen Gedanken an die anderen kleinen Welten verschwendet hat. Sie existieren einfach so und alles dreht sich perfekt, ohne daß sich der Mensch darum kümmert. Man begreift allmählich, daß der Mensch ohne die geringste Einsicht und den geringsten Respekt vor diesen anderen Lebensformen aus Bequemlichkeit und Gewinnstreben heraus eine Menge Dinge tut, die eine Bedrohung für diese Lebensformen darstellen.

„Trotz" des Menschen funktioniert dies alles reibungslos. Man muß erkennen, daß die Welt der Vögel, Insekten, Pflanzen, Bäume und Fische miteinander verflochten ist.

Die Vögel jagen hinter den Insekten her, die wiederum ihre Nahrung auf Pflanzen und Bäumen finden. Wir können sogar beobachten, wie ein Vogel über das Wasser streicht und einen Fisch fängt.

Abends legen wir irgendwo an, und beim Schlafengehen hören wir, wie Hunderte von Mücken das Boot umschwärmen, angezogen vom schmackhaften Blut aus dem Ausland. Wer sollte das nicht verstehen, denn schließlich trinken wir auch gerne französischen Wein. Morgens stehen wir dann auf und sehen das große Drama, das sich während der Nacht abgespielt hat. Dutzende von Spinnen haben ihr Netz an der Reling gesponnen; Hunderte von Mücken und andere Insekten sind hineingeflogen. Da steht man dann, sieht sich das an, und die Analogie zu unserer menschlichen Existenz beginnt langsam aber sicher Gestalt anzunehmen. Mehr noch, man erinnert sich an die magische Kinderzeit, an die Welt der Kobolde, Elfen und anderer ätherischer Wesen. Sollte es diese Welt vielleicht doch neben der unseren geben, ohne daß wir sie wahrnehmen?

Sind unsere Sinne denn schon so abgestumpft, daß wir nicht mehr dazu in der Lage sind, diese Wesen wahrzunehmen? Brauchen wir vielleicht geistigen Urlaub, um hiervon noch etwas aufnehmen zu können?

Gibt es vielleicht noch andere Formen der Existenz, von denen wir überhaupt nichts ahnen, einfach weil sie auf einer ganz anderen Schwingungsebene liegen?

Allmählich dämmert uns, daß wir Menschen in der unglaublichen Anmaßung leben, wir seien die wichtigsten Wesen auf dieser Erde. Und man wundert sich …

Es sind nicht die Blinden, die nicht sehen, nicht die Tauben, die nicht hören, sondern es sind wir, die wir an all dem vorübergehen. Wir sind die wahren Blinden und die wahren Tauben. Langsam und behutsam beginnt man sich über die schöpferische Kraft zu wundern, über das Lebensprinzip, das dies alles organisiert und es in einer sich immer weiterdrehenden Spirale fortentwickeln läßt.

Vor zehn Jahren habe ich von einem Luftphotographen gelesen, der Luftaufnahmen von New York machte. Nach der Entwicklung der Filme waren auf ganzen Landstrichen nur Urwälder zu sehen, wo eigentlich Hochhäuser hätten stehen sollen. Kann das vielleicht mit einem anderen Phänomen zu tun haben, das einem Londoner begegnete? Er sah in seinem Fernsehgerät das Testbild einer Fernsehstation aus den USA, die bereits seit zwei Jahren nicht mehr sendete!

Sind das Schwingungen, die ausgesandt werden und ‚hängenbleiben‘, zwischen all den anderen Schwingungen, wie den unsrigen? Einige dieser Schwingungen nehmen wir mit unseren Sinnen auf; andere nehmen wir erst wahr, wenn unsere Sinne besonders geschärft oder angespannt sind, z. B. in Gefahr, bei der Meditation oder bei Entspannungsübungen; wieder andere Schwingungen werden zwar nicht von uns, aber von vielen Tieren wahrgenommen.

Dieses Buch wurde für Menschen geschrieben, die sich noch über Dinge wundern können und über das Wesen ihres Daseins nachdenken wollen. Die Pyramidenenergie ist hierbei nur ein Anfang, eine Art Sprungbrett.

Die Pyramide muß die richtige Form haben und präzise nach Norden ausgerichtet sein, bevor sie die kosmische Energie auf sich lenkt. Analog hierzu muß der Mensch durch richtige Ernährung und Lebensweise einen gesunden Körper aufbauen und muß sich nach dem Geistigen richten, wenn die kosmische Kraft ihn durchströmen soll.

Mensch und Kosmos

Das seltsamste und zugleich auch verhängnisvollste Phänomen, das sich in die Evolution des Menschen eingeschlichen hat, ist meines Erachtens die Tatsache, daß wir den Zusammenhang zwischen der Erde und den umliegenden Planeten verloren haben. Vielleicht cine Art Tribut, den wir für die Entwicklung unserer geistigen Fähigkeiten zu zahlen haben.

Mit der Entwicklung unseres Verstandes büßten wir die Fähigkeit zur intuitiven Wahrnehmung ein.

Das Kognitive nahm eine immer wichtigere Position ein, und wir konnten durch den Verstand die Materie beherrschen. Unsere Intuition ist gegenwärtig derart in den Hintergrund gedrängt worden, daß selbst eine weidende Kuh uns auf diesem Gebiet bei weitem überlegen ist. Die von uns leichtfertig als „dumm“ bezeichnete Kuh, weiß intuitiv und mit unfehlbarer Sicherheit, welche Kräuter gut für ihre Gesundheit sind.

Und wenn die Kuh die Kräuter nicht auf der Weide finden kann, die vom rationalen Menschen als Unkraut ausgerottet wurden, riskiert das arme Tier seinen Kragen, steckt den Hals durch den Stacheldraht und versucht, das heilende Kraut außerhalb am Rande des Grabens zu erreichen. Ist der Mensch noch in der Lage, das richtige Kraut zu finden? Schlimmer noch, weiß der Mensch überhaupt noch, daß es Kräuter mit heilender Wirkung gibt? Wenn er sich noch daran erinnert, muß er ein Buch mit Photo und Beschreibung der Pflanze heranziehen, und über seinen Verstand und viele Umwege gelangt er zu dem gleichen Ergebnis wie die Kuh. Man kann sich die Frage stellen, ob wir denn auf die Ebene der Kuh zurückkehren müssen, um den Zusammenhang mit dem Kosmos wiederzufinden. Die Antwort ist klar: Jede Form des Daseins muß die für sie bestimmte Entwicklung durchlaufen und jede hat hat ihre eigene Evolution zu vervollständigen.

In der menschlichen Evolution war es notwendig, daß sich der Verstand weiterentwickelte, weil nur so Ich-Bewußtsein zustande kommen konnte. Dadurch wurde der Mensch in die Lage versetzt, vollkommen in die Materie vorzudringen, was letztendlich auch seine Aufgabe war.

Nach bestimmten Theorien, u.a. die von Rudolf Steiner, dem Begründer des anthroposophischen Gedankengutes, ist der Mensch aus dem Geist hervorgebracht worden. Zur Fortführung der Evolution mußte der Mensch zum Staub hinabsteigen, sich dessen Beschränkungen aussetzen, um dann im Kampf gegen die Materie zu höherem geistigen Niveau zu gelangen.

Selbstverständlich ist dies eine Evolution, die sich über Milliarden unserer menschlichen Jahre erstreckt.

In dieser großen Evolution sind wir gegenwärtig auf dem tiefsten Punkt der Materie angelangt.

Wenn diese Entwicklung offenbar notwendig ist, wieso habe ich sie dann am Anfang dieses Kapitels „verhängnisvoll" genannt?

Es scheint, nicht der Mensch beherrscht die Materie, sondern sie beginnt den Menschen zu beherrschen. Da sich der Mensch lediglich noch der ihn umgebenden materiellen Welt bewußt ist, hält er diese für die einzige und deshalb auch wichtigste. Durch diesen Umstand wuchs seine Habgier und er versucht in zunehmendem Maße, diese Welt nach den Regeln seines Verstandes und seines Gutdünkens zu organisieren.

Er will immer mehr dieser Materie besitzen und hält sich als Mensch für um so wertvoller, je größer sein angehäufter Besitz ist. Andere teilen diese Meinung, was unvermeidbar zu Kollisionen und Frustrationen führt. Aus diesem Grund wurde es erforderlich, Gesetze zur Wiederherstellung der Ordnung ins Leben zu rufen. Um zu gewährleisten, daß diese Regeln befolgt werden, sind wiederum andere Institutionen geschaffen worden, und so geht es immer weiter. Die Vorkommnisse auf individueller Ebene sind in gleichem Maße bei Menschengruppen und ganzen Völkern gegeben, denn das, was sich im Kleinen abspielt, geschieht auch im Großen.

Dies ergibt sich aus der Tatsache, daß der Mensch der glückliche Besitzer eines eigenen freien Willens ist. Aus diesem Grunde muß er auch die volle Verantwortung für seine Handlungen und Gedankenprodukte tragen.

Mit meiner Äußerung, daß wir uns auf dem Tiefpunkt der Materie befinden, will ich sagen, daß die Vorbereitungen, aus diesem Tiefpunkt herauszukommen, bereits im Gange sind.

Das Interesse an einem Buch über Pyramidenenergien beweist, daß man die Vorgänge hinter der Materie zu verstehen versucht. Das bedeutet, daß man einen Anfang gemacht hat, sich über die Materie zu erheben. Vorträge zu diesem Thema erhalten einen gewaltigen Zulauf. Ein Zeichen dafür, daß man nicht alleine ist und tatsächlich ein Umschwung spürbar wird. Es gab wohl einige Vorläufer, die eine Basis für das geschaffen haben, was gegenwärtig vor sich geht. Das waren Menschen, die den Wert des Verstandes zu schätzen wußten und außerdem ihre Intuition geschärft hatten, um eine Synthese von beidem leben zu können.

Auf diese Weise schritten sie auf dem Pfad der Evolution weiter voran als die Menschen, die vor Jahrtausenden ausschließlich auf ihre Intuition angewiesen waren. Sie sind weiter fortgeschritten als der gegenwärtige Mensch, der lediglich mit seinem Verstand arbeitet. Die Astrologie und ihre Hintergründe wird von ihnen erneut erklärt und verkündet. Ebenso haben sie die Heilkraft von Kräutern wiederentdeckt. Es sind Menschen wie seinerzeit Hahnemann, der der ganzheitlichen Medizin durch die homöopathische Heilmethode eine neue Wende gegeben hat.

Der Mensch ist sich intuitiv der Pyramidenkräfte bewußt geworden und versucht, sie mit seinem Verstand anzuwenden.

Auch Einstein ging diesen Weg als er frei heraus erklärte, daß er seine Relativitätstheorie auf intuitive Art und Weise entwikkelt hat, um sie danach mit seinem Verstand zu erklären.

Die Astrologie ist deshalb so interessant, weil der Zusammenhang zwischen Mensch und Kosmos hier am nuanciertesten herausgestellt wird. Jeder Mensch ist einzigartig, geboren zu einem fixen kosmischen Zeitpunkt. Somit ist es vollkommener Unsinn, ein Horoskop aus der Zeitung, das vom „Widder" handelt, auszulegen, denn „den Widder" gibt es nicht, genausowenig, wie es „den Franzosen" gibt.

Wohl gibt es Millionen von Menschen, die unter dem Zeichen Widder geboren wurden und ähnliche Wesenszüge aufweisen. Auch den Franzosen könnte man auf den gleichen Nenner bringen. Dennoch kommen sowohl Widder als auch Franzosen in einer Vielzahl von charakterlichen Varianten vor.

Diese Art von Zeitungshoroskopen ist zu allgemein und dadurch für den Einzelnen so unvollständig, daß sie mit Recht von vielen als unglaubwürdig abgelehnt wird. Es wäre schade, wenn die gesamte Astrologie als unglaubwürdig empfunden würde, denn die Astrologie ist wirklich eine Art kosmisches Buch, das jedermann intuitiv und intellektuell lesen lernen kann.

Mit unserem Verstand allein können wir schon ziemlich weit kommen. Woraus besteht der Mensch auf materieller Ebene? Aus nichts anderem als einer Ansammlung von Atomen. Aber was ist ein Atom? Ein Atom ist das, was die Wissenschaft als kleinstes Teilchen der Materie bezeichnete, das für sich bestehen konnte: etwas Kleineres gab es nicht. Mittlerweile hat die Wissenschaft diese These widerrufen müssen, denn jetzt hat man ein noch kleineres Teilchen entdeckt: den „Quark". Es ist nicht schwer vorherzusehen, daß man innerhalb absehbarer Zeit ein noch kleineres Teilchen entdecken wird. Es ist nicht so, daß etwas nicht existieren kann, nur weil wir es noch nicht kennen. Der Mensch entdeckte schließlich auch immer mehr und größere „Milchstraßensysteme". Und so beweist sich: „Wie im Großen so im Kleinen".

Immer häufiger werden wir uns der Dinge bewußt, die es schon immer gegeben hat. Ein Atom gleicht einer Sonne, umgeben von ihren Planeten. Die relative Entfernung zwischen Sonne und Planeten ist genauso groß wie zwischen dem Atomkern und den Elektronen.

Innerhalb eines Atoms, wie auch in unserem Sonnensystem, übt ein Teilchen Einfluß auf die übrigen Teilchen aus. Alles ist in einer bestimmten Weise miteinander verbunden und wird von untereinander wirkenden Kräften in seinen jeweiligen Energiebahnen zusammengehalten.

Da Atom und Sonnensystem aus derselben Quelle hervorgingen und das gleiche Muster aufweisen, braucht es uns kaum zu verwundern, daß allein schon auf das Gebiet, das wir materielle Ebene nennen, von der Sonne und den Planeten Einfluß ausgeübt wird: Auf die Erde und alles, was auf ihr lebt.

Für diejenigen, die einen eher wissenschaftlichen Aspekt bevorzugen, soll der russische Astronom *Mochanof* erwähnt werden, der im Jahre 1965 festgestellt hat, daß die Planeten unseres Sonnensystems in einer bestimmten Art von Resonanz zueinander stehen, wie z. B. die Saiten einer Gitarre oder die eines Klaviers beim Anschlagen der Stimmgabel resonieren. Weiterhin wurde eine Korrelation zwischen der Drehung der Erdachse und der des Planeten Venus entdeckt. Ein Energieaustausch zwischen beiden Planeten ist wahrscheinlich.

Der amerikanische Rundfunktechniker Nelson war auf der Suche nach Ursachen von Empfangsstörungen im Kurzwellenbereich, als er entdeckte, daß die heftigsten magnetischen Stürme auftreten, wenn bestimmte Planeten – von der Erde aus gesehen – einen Winkel von neunzig Grad, null Grad oder einhundertachtzig Grad bilden. Die Astrologen nennen das Quadrat, Konjunktion oder Opposition. Während solcher Bedingungen entstehen Spannungen in der Persönlichkeit oder den Lebensumständen. Für Menschen, die eine Statistik bevorzugen, soll noch hinzugefügt werden: *Michel Gauquelin,* ein wissenschaftlich ausgebildeter Psychologe, verbrachte einen Großteil seines Lebens mit der Sammlung von Daten und publizierte darüber eine recht umfangreiche Reihe von Beiträgen. Fünfhundert Mitglieder der Französischen Akademie für Medizin und fünfhundert prominente Mediziner wurden von ihm untersucht und er entdeckte bei beiden Gruppen einen augenfällig kulminierenden Mars und Saturn. Bei Untersuchung einer Kontrollgruppe von tausend Personen, die keine Verbindung zur Medizin hatten, trat überhaupt keine statistische Abweichung auf.

Bei zweitausend Spitzensportlern war Mars mit 5.000.000:1 beherrschend. Bei 1.500 bekannten Schauspielern war Jupiter mit 1.000:1 beherrschend. Bei 352 Schriftstellern kulminierte der Mond in einem Verhältnis von 100.000:1 – im Vergleich zum Zufallsfaktor. Was auch interessant sein könnte, ist eine Untersuchung von 25.000 Eltern und Kindern. Dabei stellte sich heraus, daß Kinder oftmals kurz nach dem Aufgehen oder der Kulmination eines Planeten, der während der Geburt eines der Elternteile aufging oder kulminierte, geboren wurden.

Das, was wir als den leiblichen Menschen bezeichnen, ist in der Tat nichts weiter, als eine Ansammlung atomarer Energien.

Deshalb ist es logisch anzunehmen, daß gewisse Formen von Energie darauf einen großen Einfluß nehmen können. Ein magnetisches Feld oder die Energie, die aus einer Pyramidenform entsteht, ist dafür ein Beispiel. Durch ihre „Form" ist die Pyramide in der Lage, kosmische Energie mit dem Erdmagnetismus zu verbinden. Ein Astronom erklärte mir einmal, wenn man alle auf der Erde vorhandenen Atome derart komprimieren könnte, daß keine Zwischenräume bestünden, sie eine Masse von einem Kubikmeter ergäben.

Der ganze Kosmos ist ein großes schöpferisches Werk. Alle Arten, Vorkommnisse und Gegebenheiten entsprechen diesem Prinzip.

Die in konstanter Wechselbeziehung befindlichen Planeten und Sterne sorgen für die sich immerzu ändernden Umstände, die unser Leben beeinflussen. Wenn ein Mensch oder ein Mikrokosmos das Lebenslicht, die Sonne, erblickt, ist er ein Abbild dieses Augenblicks, den er als prägendes Grundelement für seine gesamte weitere Entwicklung in sich trägt.

Mit dieser Prägung, dem Ich, der Persönlichkeit, betritt man den Lebensweg, der von der Bewegung des Kosmos bestimmt wird.

Was man daraus macht, wird von der Persönlichkeit und dem freien Willen bestimmt.

Die Anlagen sind festgelegt, wobei man aber immer noch selbst entscheiden kann, was man aus diesen macht. So ist es möglich, schlechte Charakterzüge durch Arbeit an einem selbst abzulegen und positive Eigenschaften zu fördern. Fühlt man sich zu einem Lebenspartner hingezogen, kann man sich mit ihm auf den gemeinsamen Weg machen. Zeigt sich hinterher, daß der Partner schlechte Eigenschaften hat, bleibt einem die Wahl; man kann sich trennen oder versuchen, die Probleme gemeinsam zu lösen, die nicht selten bei einem selbst liegen.

Wählt man letzteren Weg, arbeitet man an sich selbst und kommt dem eigentlichen Ziel näher. Versuchen wir aber den Schwierigkeiten auszuweichen, passiert es nicht selten, daß wir diesen in anderer Form wieder begegnen. Wir müssen durch Lösung unserer Probleme Lehren ziehen. Wenn wir das unterlassen, bekommen wir die Lektion erneut präsentiert. Es geht darum, daß der Geist, der sich einen menschlichen Stoffkörper gewählt hat, die Beschränkungen des Stoffes besiegt, um dadurch auf eine höhere Stufe zu gelangen. Wird die Vereinigung von Geist, Seele und Körper am Ende eines Menschenlebens gelöst, ist der Geist wieder frei, sich in der immateriellen Welt zu bewegen.

Bis zu dem Zeitpunkt, da wieder ein kosmischer Augenblick gekommen ist, an dem der Geist eine neue Mensch-Seele-Kombination dieses Augenblicks inkarnieren kann. Er wird seine Entwicklung zur Reife an der Stelle aufnehmen, an der er seinerzeit stehen blieb. Dieser Kreislauf wiederholt sich bis zur Erreichung des letztendlichen Zieles.

Deshalb sagt Kahlil Gibran in seinem herrlichen Buch *Der*

Prophet: „Eure Kinder sind nicht Eure Kinder." Sie werden zwar aus eurem Körper und aus eurem Samen geboren, sie sind aber im Grunde Brüder oder Schwestern der geistigen Welt. Es ist also wichtig, Einblick in die Philosophie der Astrologie zu bekommen. Man wird entdecken, wie alles seinen Sinn und seine Bestimmung hat – selbst ein Unfall im Zuge der Evolution.

Jene, die „Warum muß denn gerade mir das passieren?" rufen, werden feststellen, daß es tatsächlich auch nur für sie bestimmt ist. Es hat deshalb auch kaum Sinn, einen Astrologen Nachforschungen darüber anstellen zu lassen, was einem die Zukunft bringen wird, um diese Zukunft selbst in die Hand nehmen zu können. Was einem vorenthalten oder in den Weg gelegt wird, dient als Mittel zur geistigen Reife. Und was man „Zufall" nennt, ist das für einen Bestimmte.

Mit Erscheinen dieser Auflage möchte ich zu Thorwald Dethlefsens Betrachtungsweise der Astrologie folgendes ergänzen.

Dethlefsen sagt, daß wir in unserem Leben bestimmte Erfahrungen und Erkenntnisse sammeln müssen. Diese werden uns jeweils zu einem Zeitpunkt zugespielt, der durch die Stellung des Kosmos zu unserem persönlichen Horoskop bestimmt wird.

Diese Informationen werden von den sieben Archetypen oder alten Planeten versinnbildlicht. Könnten wir diese Erfahrungen, bzw. Lektionen bewußt erleben, wären wir in der Lage, uns besser und aus freiem Willen zu vervollkommnen. Leben wir dagegen nur so drauflos, kann uns der Kosmos zwingen, diese Lehren unfreiwillig zu ziehen. In diesem Fall profitieren wir nur zu einem geringen Teil von den uns gebotenen Möglichkeiten geistigen Wachstums.

Ein Beispiel möge dies verdeutlichen.

Angenommen Saturn transistiert den Geburts-Mars:

Vereinfacht heißt das „Widerstand" gegen „Energie".

Die dadurch gestellte Aufgabe ist die Erfahrung von Energie, die auf Widerstand stößt. Saturn steht symbolisch für Einsamkeit, Erkaltung, Krankheit, Dunkelheit, Tod, körperlichen Abbau usw.

Beschäftigte man sich im Bewußtsein des eigenen „quadratischen“ Aspektes mit z. B. Karate, Holzhacken, Schattenboxen oder Tennis, könnte man das Phänomen Energie-Widerstand erleben. Würde man dann auch etwas weniger essen, sich eine Zeitlang in sich selbst zurückziehen, sich einfacher kleiden, oder auch über den Tod nachdenken, so erführe man den vorüberziehenden Saturn.

Unterläßt man dies, kann der Kosmos Bedingungen schaffen, unter denen man diese Erfahrung zwangsweise macht.

Es könnte sein, man fährt mit hoher Geschwindigkeit (Energie) gegen einen Baum (Widerstand) und findet sich im Krankenhaus wieder. Es gibt einfache Mahlzeiten. Schmerz, Leid und Tod sind gegenwärtig. Auf diese Weise erfährt man unbewußt das gleiche Prinzip, erhält die gleiche Information, die für die geistige Weiterentwicklung notwendig ist. Nur profitiert man davon in geringerem Maße als beim bewußten Durchleben dieser Erfahrung, weil man auf einer anderen Ebene empfindet.

Aber auch wenn es nicht zutreffen sollte, was Dethlefsen sagt, daß die Erfahrungen auf einer Ebene die einer anderen Ebene entbehrlich machen, ist es dennoch interessant, darüber nachzudenken und seine Aspekte (astrologisch) bewußter zu erleben und alle Situationen, in die man kommt, als Chance zur geistigen Vervollkommnung zu nutzen.

Energien in der homöopatischen Medizin

Bislang haben wir uns fast ausschließlich mit dem stofflichen Körper des Menschen, der aus einem grob- und feinstofflichen Leib besteht, beschäftigt. Der grobstoffliche Körper des Menschen wird vom feinstofflichen umgeben, den wir „Ätherkörper" nennen. Dieser ätherische Lebenskörper hält das Ganze in Gang.

Wird die Verbindung unterbrochen, endet die Funktion des stofflichen Körpers und er zerfällt allmählich oder geht in Verwesung über. Das bindende Element ist somit von dem getrennt, was zusammengehalten oder verbunden werden sollte. Der Technik ist es gelungen, diesen Ätherkörper durch die Kirlian-Photographie im Bild festzuhalten.

Früher waren unsere Sinne derart verfeinert, daß wir diese „Aura" sehen konnten. Heilige, die ein höheres geistiges Leben hatten und somit auch eine stärkere Ausstrahlung, wurden mit dieser Aura um ihren Kopf abgebildet, die wir auch Aureole nennen. Ein Hellseher kann diese auch heute noch deutlich sehen, wobei er manchmal nicht nur den Ätherkörper sieht, sondern auch den noch feineren Astral- und noch feineren Mentalkörper, der den Menschen umgibt.

Nach einer gewissen Übung unter Anleitung ist es meiner Meinung nach fast jedem möglich, dieses ätherische Doppel zu sehen, auch bei Tieren.

Es gibt auch Hilfsmittel in Form von Spezialbrillen.

Die homöopatische Medizin berücksichtigt diese feineren Körper, die den Menschen umgeben.

Sie geht davon aus, daß Störungen des körperlichen Gleichgewichts ihren Ursprung im mentalen Bereich haben. Wir wollen den mentalen Bereich, den der Gedanken, die vierte Ebene nennen. Möchte man beispielsweise einen Stuhl bauen, erfolgt die erste Schöpfung im Abstrakt-Mentalen: Es entsteht der Gedanke. „Ich werde *einen Stuhl bauen*". Daran schließt sich die dritte Ebene an: „Ich werde *diesen Stuhl bauen*". Die Schöpfung hat nun bereits eine konkretere Form angenommen, von der aus wir zur zweiten Ebene gelangen. Der Stuhl wird auf ein Blatt Papier gezeichnet; es entsteht ein Plan, der Stuhl kristallisiert sich im Stoff noch weiter heraus.

Dann folgt die erste Ebene, in der der Stuhl aus Holz gefertigt wird und seine stoffliche Form annimmt.

Es ist einleuchtend, daß ein Fehler auf der dritten Ebene leichter korrigiert werden kann, als auf der ersten.

Ein Fehler in der Phantasie oder im Gedanken läßt sich schneller und leichter korrigieren, als auf Papier und auf Papier noch leichter, als wenn der Fehler schon in konkreter Form materialisiert wurde. Ist in der Phantasie ein Stuhlbein schief, um bei unserem Beispiel zu bleiben, so läßt es sich innerhalb eines Augenblickes geraderücken, auf Papier muß man bereits mit Radiergummi und Bleistift arbeiten. Bemerkt man das schiefe Bein erst beim fertigen Stuhl, so kann es Stunden dauern, bis es gerichtet ist. Daraus folgt, je höher die Ebene ist, auf der der Fehler erkannt und korrigiert wird, desto schwieriger kann er sich in die unteren Ebenen fortsetzen. Analog sind diese Korrekturen mit Arzneimitteln hoher Potenzen möglich. Sie setzen im Mental- oder im Astralbereich an, weil deren Wirkung auf gleicher Schwingungsebene liegt.

Wenn wir diese Störungen, die wir Krankheit nennen und die sich in Symptomen äußern, auf höheren Ebenen abfangen, so werden sie sich nicht bis ins Gewebe oder die Glieder des Menschen ausweiten.

Wie stellt man ein homöopathisches Präparat her?

Eine bestimmte Pflanze oder ein Mineralstoff wird pulverisiert und mit Alkohol versetzt. Man nimmt 1 Teil des Pulvers, vermischt es mit einigen Teilen reinen Alkohols und schüttelt kräftig durch, wobei die Mischung dynamisiert wird.

Danach wird 1 Teil der hergestellten Lösung mit einigen neuen Teilen Alkohol in der gleichen Weise vermengt. Je nach gewünschtem Verdünnungsgrad (Potenz), bleibt für den Chemiker vom Ausgangsstoff keine erkennbare (im Sinne von wirksam) Spur mehr übrig. Was allerdings vorhanden ist, ist die Energie der Wesenheit der Pflanze oder des Minerals. Diese Energie kann auf die höchste Energieform unserer vier Hüllen einwirken.

Eigentlich machen wir mit der Atomenergie das gleiche. Früher gebrauchten wir einfache Holz- und Steinkohle als Energiequelle. Heute nutzen wir den Kern eines bestimmten Stoffes und setzen dadurch Energie frei, die in keinem Verhältnis zur normalen stofflichen Nutzung dieses Materials steht.

Kernenergie und Homöopathie treten zusammen mit der Pyramidenenergie in unserem irdischen Spektakel auf.

Dies ist ein Zeichen dafür, daß wir tatsächlich den tiefsten Punkt erreicht haben. Langsam, aber sicher bewegen wir uns zu den ätherischen Ebenen und gehen den Weg nach oben zurück.

Wir befinden uns im Anfangsstadium, weshalb mit Kernenergie und Homöopathie noch stümperhaft umgegangen wird.

Grund für deren falsche Anwendung ist häufig die Unkenntnis, die Sucht, schnell Geld zu verdienen, Machtstreben oder einfach nur Bequemlichkeit.

Homöopathie kann nur tiefenwirksam und dauerhaft sein, wenn sie im höchsten Bereich, dem mentalen oder astralen, ansetzt. Dies fordert vom Arzt mindestens drei bis vier Jahre vorbereitende Studien. Außerdem benötigt man beim Patienten, um dessen Gesundheitszustand ganzheitlich zu erfahren, ein bis zwei Stunden gründlicher Befragung.

Hat der Arzt erst einmal den Faden aufgenommen, kann er

auch allertiefste Ursachen der Störung beseitigen. Dann können auch spektakuläre Ergebnisse erzielt werden. Gegen eine Störung vorzugehen heißt in der Homöopathie: die Symptome, durch die sich die Krankheit ausdrückt, endgültig zu beseitigen, indem ein Mittel verabreicht wird, das beim gesunden Menschen die gleichen Symptome hervorrufen würde, wie sie beim Kranken auftreten. Homöo bedeutet gleichartig. Durch die Behandlung wird die Gesamtheit des Körpers zu einer Eigenreaktion angeregt welche die Krankheit oder Störung innerhalb kürzester Zeit austreiben wird. Dadurch verschwinden auch die Symptome der Krankheit, wie Geschwüre, Fieber, Schmerzen oder Mißbildungen.

Es sind nicht die Geschwüre gegen die vorgegangen wird, sonderen deren Ursache. Es ist nicht das Fieber, das gesenkt wird, sondern die Ursache der Krankheit, die das Fieber auslöst, wird behandelt. Es ist auch nicht die Verformung, die durch Operation beseitigt wird, sondern die Ursache der Verformung muß bekämpft werden, so daß der Körper selbst, sofern dies noch möglich ist, diese begradigen kann. Im übrigen ist Fieber ein Ansteigen der Körpertemperatur, eine Mobilisierung der Verteidigungsmechanismen, so daß die Gifte schneller ausgeschieden werden können.

Die Homöopathie betrachtet die Krankheit als Zeichen von Gesundheit, denn die Krankheitssymptome sind ein Zeichen dafür, daß der Körper auf eine Störung abwehrend reagiert.

Wenn wir kontinuierlich durch falsche Lebensweise und falsche Ernährung Gifte in unserem Körper anhäufen, entsteht Streß, dem ein gesunder Mechanismus entgegenwirkt.

Es kommt zu klassischen Symptomen wie Erkältung, Grippe, Durchfall, Schweißausbrüchen, Geschwüren usw.

Wenn wir diese Symptome falsch verstehen und ihnen mit Nasentropfen, Deodorants, Salben usw. begegnen, bleiben sämtliche Krankheitserreger in unserem Körper und je öfter dies geschieht, desto mehr häufen sie sich an. Die Gefahr wächst, daß Nieren und Leber nicht mehr damit fertig werden. Letztendlich führt dies zu Zysten, Geschwulsten, Rheumatismus, Arthrosen. Diese setzen sich in unserem Körper fest und verursachen dort nicht mehr gutzumachende Schäden.

Es kann dann zum endgültigen und für den Körper fatalen Ausbruch der Krankheit kommen. Aus diesem Grunde ist es so wichtig, daß wir ein wenig mehr Verständnis für unseren so perfekt organisierten Körper aufbringen. Er ist als Hülle für unseren Geist zu betrachten, der eigentlich das Wichtigste für uns ist. Die heutige Medizin stellt den besten Beweis, daß wir den Zusammenhang zwischen Mensch und Kosmos vollständig verloren haben. Sogar die inneren Zusammenhänge des Menschen hat man vergessen.

Durch die Chemie, die Kunst der Destillation, erzielte man eine weitgehende Spezialisierung: ein Arzt für die Psyche, ein Arzt für das Herz, ein Arzt für die Haut, ein Arzt für die Augen, ein Arzt für die Zähne und ein Arzt für Hals, Nase, Ohren.

Wenn dies so weitergeht, haben wir irgendwann auch noch einen Ohrläppchenspezialisten.

Zeigen sich Störungen auf der Haut sollte klar sein, daß dies die Folge einer Erkrankung des ganzen Körpers ist, denn die Haut ist kein getrennt funktionierendes Organ.

Im Gegensatz hierzu ist die Entwicklung der Iriskopie zu sehen, bei der die Augen als Spiegel des ganzen Körpers betrachtet werden. Ebenso die Akupunktur, die die Energieströme in ihrem ganzen Zusammenhang sieht. Auch die Fußreflexzonenmassage gehört hierher, bei der an bestimmten Stellen der Fußsohle Druck ausgeübt wird, wodurch Organe stimuliert werden und genesen können.

Letztgenannte Entwicklungen sind bezeichnend für die neue Zeit in der westlichen Welt. Man beginnt, mit Energieströmen zu arbeiten und nicht ausschließlich mit Materie, die lediglich eine Form der Energie ist.

Wie synchron all diese Dinge verlaufen und wie sie vom Kosmos dirigiert werden, sieht man in der Tatsache, daß die Homöopathie durch Samuel Hahnemann um etwa 1800-1850 erneut in den Vordergrund trat. Einige Jahrzehnte später entwickelte Ingenieur Davidson die ersten Theorien über Hintergründe und Botschaft der Cheops-Pyramide. Heute, im Jahre 1980, dringt die Existenz dieser beiden Energieformen langsam in das Bewußtsein des westlichen Menschen.

Wir sollten diese günstigen Strömungen gemeinsam nutzen, sie gründlich studieren und versuchen, mit unserer verbliebenen Intuition, die dringend wieder geschärft werden muß, das Ausmaß dieser Energien zu erfassen.

Beispiele aus der Homöopathie

Um etwas richtig verstehen zu können, muß man es entweder selbst tun oder nachempfinden. Da Ersteres nicht jedem möglich sein wird, möchte ich noch einige Beispiele aus der Praxis vorstellen. Im Mai 1980 nahm ich in Velp bei Arnheim im Rahmen eines Kurses an einem Kongreß über Homöopathie teil. Etwa 150 Teilnehmer waren anwesend. Ich hatte im gleichen Hotel, in dem der Kurs stattfand, ein Zimmer reserviert. Da jedoch gerade ein Zimmer zuwenig frei war, wurde mir als Einzigem ein anderes Hotel zugewiesen, und ich kam ins gleiche Hotel, in dem der schweizer Gastredner Dr. Voegeli wohnte. Die Gelegenheit wurde mir in den Schoß gelegt, zusammen mit diesem besonderen Mann in aller Ruhe bei Tisch über seine praktische Arbeit zu sprechen. Dr. Voegeli, der mittlerweile Dutzende von Büchern über Homöopathie publiziert hat, war einer der ersten Ärzte in Westeuropa, die sich mit Radiologie und Krebsforschung befaßten. Er hat eine Klinik in der Schweiz und wurde so als Arzt mit den schweren Folgen von unheilbar gewordenen Krankheiten seiner Patienten konfrontiert. Er erkannte, daß der Zustand dieser Patienten durch Arzneimittel verursacht worden war, die lediglich die Symptome unterdrückten.

Er erzählte mir ein dramatisches Beispiel einer Familie mit drei Töchtern. Ihre erste Tochter hatte zu Beginn der Pubertät einen erheblichen Ausfluß, der anhielt. Der Gynäkologe verschrieb ein bekanntes Arzneimittel und der Ausfluß hörte auf. Einige Monate später jedoch wurde das Mädchen lustlos, aß nicht mehr und wurde in eine Klinik eingewiesen, in der es starb. Bei der Schwester trat nach der ersten Menstruation der gleiche Ausfluß auf. Sie wurde auf die gleiche Weise erfolgreich therapiert. Auch sie wurde lustlos und starb binnen Jahresfrist. Bei der dritten Tochter zeigte sich das gleiche Phänomen, jedoch ging sie zu einem anderen Gynäkologen. Er wandte eine andere Therapie an und der Ausfluß verschwand vollständig. Nach etwa 5 Jahren bekam das Mädchen Rheumatismus, der in Polyarthritis überging und sie verbrachte den Rest ihrer Tage nahezu als Invalide.

Der Ausfluß war ein Versuch des Körpers, Giftstoffe auszuscheiden. Indem jedoch der Körper daran gehindert wurde und man nicht die eigentliche Ursache beseitigt hatte, war der Ausgang fatal. Nach dieser Erkenntnis begann Dr. Voegeli Homöopathie zu studieren. Er gab seine Praxis als Radiologe auf und begann als einer der Pioniere sein Lebenswerk.

Als Anekdote erzählte er mir die Geschichte einer amerikanischen Witwe, die sehr an ihrem Hund hing. Das arme Tier hatte halbgelähmte Hinterbeine. Kein Tierarzt in Europa hatte ihm helfen können, trotz der Tatsache, daß sie bereit war, ein Vermögen dafür auszugeben. Ein schweizer Tierarzt wandte sich diesbezüglich an Dr. Voegeli, aber auch er wußte auf Anhieb keinen Rat. So machte er mit der Frau und dem Hund während der Mittagszeit einen Spaziergang im Park. Ihm fiel auf, daß der Hund sich vor dem Urinieren nach denjenigen umsah, die ihm folgten. Als er seine Besitzerin erblickte, lief er ohne zu urinieren weiter. Dies wiederholte sich einige Male. Dr. Voegeli schlug der Frau vor, sich versteckt zu halten. Der Hund lief zu einem Baum, sah sich um, erblickte niemanden und urinierte, als hinge sein Leben davon ab.

Dr. Voegeli diagnostizierte Natrium muriatikum, bei dem eines der Hauptsymptome ist, das Wasser nicht laufen lassen zu können, wenn jemand zusieht. Nach zehn Tagen war die Lähmung gewichen und der Hund konnte wieder normal laufen.

Ich habe dieses Beispiel für diejenigen gewählt, die zu glauben wissen, die homöopathischen Heilungen beruhen ausschließlich auf einer psychologischen Grundlage.

Dr. Voegeli erzählte weiterhin von einem Mann, der bereits seit sechs Monaten von Ischias geplagt wurde, gegen den einer seiner Assistenten kein Mittel wußte. Sie kamen zu ihm und wiederum durch eine Kleinigkeit, einem brennenden Schmerz von innen her, vermochte Dr. Voegeli zu diagnostizieren und konnte das geeignete Heilmittel finden. Der Mann konnte weder sitzen noch liegen und war am Ende seiner Kräfte. Dr. Voegeli gab zwei Pillen in ein Glas und bat den Mann, einige Male am Glas zu riechen. Obgleich der Mann vor Schmerzen stöhnte, wichen die Schmerzen innerhalb weniger Sekunden, nachdem er an dem Glas gerochen hatte. Der vollkommen erstaunte Mann ging wie verwandelt im Zimmer umher. Dann bat er Dr. Voegeli um eine ganze Flasche dieses Mittels. Dieser lehnte mit Recht ab, da das Mittel eventuell bei einer nochmaligen Anwendung nicht gewirkt hätte. Außerdem bestand die Gefahr, daß der Mann aus Angst vor einem möglichen Rückfall das Mittel erneut angewandt hätte und die Schmerzen erneut eingesetzt hätten. Der Mann bot Dr. Voegeli 1.000 Schweizer Franken für das Mittel und war sehr ungehalten darüber, daß er es nicht erhielt.

Ein befreundeter Arzt, Spezialist für Kinderkrankheiten und ebenfalls zur Homöopathie übergegangen, erzählte mir von seinen Praxisfällen: Eine Mutter kam mit einem Kind zu ihm, das bis zu viermal pro Jahr Bronchitis bekam, immer kränker wurde und dadurch der Schule sehr oft fernbleiben mußte. Der Krankheitsverlauf war immer der gleiche: zunächst eine Vereiterung am Daumen, dann eine Augenentzündung und schließlich Bronchitis.

Der behandelnde Arzt verabreichte jedesmal Antibiotika, mit deren Hilfe sämtliche Symptome verschwanden. Nach zwei Monaten jedoch begann es von neuem. Es wurde jeweils die gleiche Behandlungsmethode angewandt, doch die Intervalle zwischen dem Auftreten der Krankheitssymptome wurden immer kürzer.

Als das Kind schließlich zu ihm gebracht wurde, hatte die Vereiterung am Daumen bereits eingesetzt. Nach eingehenden Untersuchungen wurde das Mittel gefunden; die Vereiterung hörte fast unmittelbar danach auf und zwei Tage später bekam das Kind eine leichte Erkältung, die schnell vorüberging.

Seitdem ist der Kreislauf unterbrochen, das Kind bekam keine Bronchitis mehr und konnte die Schule wieder regelmäßig besuchen.

Kinder, die homöopathisch behandelt werden, erkälten sich in der Regel weniger oft, da der Organismus gereinigt ist und besser reagiert.

Auch Dr. Voegeli, der im Alter von 81 Jahren einen Hüftgelenkbruch erlitt, mit dem man normalerweise sechs Wochen in der Klinik liegt, verließ das Krankenhaus bereits nach zehn Tagen und fuhr selbst mit dem Wagen nach Hause.

Zusammenhang zwischen Mensch und Natur

In einer Zeit, in der der Körper mit dem größtmöglichen Komfort verwöhnt wird, kommt es nur noch selten vor, daß wir in einem Raum bei Minusgraden schlafen müssen. Dadurch entgeht uns auch das wunderbare Schauspiel der Kristallisation des Wasserdampfes in Form von Eisblumen am Fenster. Hat sich die Faszination über diesen Anblick etwas gelegt, folgt möglicherweise die Verwunderung. Diese Zeichnungen müssen doch irgendwo herkommen. Die Kristallbildung der Wasserteilchen folgt einem ganz bestimmten Prinzip, offenbar demselben, das Blumen und Pflanzen ihre Form gibt. Man gewinnt den Eindruck, als hätte hier derselbe Architekt Hand angelegt.

Wer den Film „Wie die Tiere“ von Bert Handstra gesehen hat, wird sich daran erinnern, auf welch feinsinnige Weise dieser Lebenskünstler die Analogie zwischen menschlichen und tierischen Verhaltensweisen darzustellen vermochte. Wie könnte es auch anders sein. All diese Lebewesen haben den göttlichen Funken in sich und verleihen diesem auf verschiedenen Ebenen Ausdruck. Bei all diesen Schöpfungen wirken die gleichen kosmischen Kräfte. Man unterteilt denn auch in der Tier-, Pflanzen- und Mineralienwelt in verschiedene Planetenkräfte. Der Mensch selbst wußte, daß jedes seiner Organe in der ätherischen Welt von speziellen Planetenkräften gebildet wurde.

Deshalb gibt es auch für jedes Organ ein Kraut oder ein Mineral zur Unterstützung seiner Funktionen.

Es spricht für sich, daß es sich auch hier nicht „wieder" um einen Zufall handelt, sondern um ein Ergebnis der gesamten Evolution. Sehr stark hat mich ein Buch von Rudolf Steiner fasziniert, in dem er die Entstehung des Menschen und darüber hinaus die Entwicklung der Erde beschreibt, die einfach ein Ausdruck der Evolution des Menschen ist und ein geeigneter Ort, diese Evolution durchleben zu können. Er beschreibt wie das, was wir jetzt den Menschen nennen, ursprünglich aus einem Chaos entstand, sich allmählich zu einer plastischen Masse verdichtete und schließlich zu einer einzigartigen Entität kristallisierte, die mit einem Selbstbewußtsein ausgestattet wurde. Diese Entwicklung geht ständig weiter, von großen Ruhephasen unterbrochen. Während dieser Ruhephasen zerfällt alles wieder zu einem Chaos, konzentriert sich danach wieder, um sich weiter zu entwickeln. Während dieser Evolution gibt es bestimmte Entitäten, die zurückbleiben und auf der Ebene stehenbleiben, die für sie vorgesehen ist.

Die am weitesten evolvierte Entität ist der Mensch, dann kommen die Tiere, die Pflanzen, die Mineralien, alle mit den für sie typischen Eigenarten und Varianten. Bei Eintritt in die Endphase der gesamten Evolution sind bereits drei große Stoffkristallisierungsperioden durchlaufen worden. Daran schließt sich eine vierte große Periode an, in der der Tiefpunkt erreicht wird. Schließlich folgen drei weitere Zeitabschnitte, in denen eine Vergeistigung zu feinstofflichen Wesen erfolgt. Jede dieser großen Perioden wird ihrerseits in sieben kleine unterteilt.

Die Menschheit befindet sich gegenwärtig in der vierten großen Periode und innerhalb dieser in der vierten kleineren, das heißt, wirklich auf dem tiefsten Punkt der Verstofflichung. Man tut gut daran, sich dies kurz einzuprägen, da wir dies in bestimmten Theorien über die Hintergründe der Cheops-Pyramide bestätigt finden werden.

In einem früheren Abschnitt dieses Buches konnte man lesen, daß der Mensch ein eigenes Ich-Bewußtsein hat. Ist denn dies bei Tieren nicht auch der Fall?

Ein Tier oder ein Insekt hat tatsächlich kein Selbstbewußtsein, sondern ein Gruppenbewußtsein oder einen Gemeinschaftsgeist. Diesen Gemeinschaftsgeist findet man außerdem auch noch beim Menschen. Wir verwenden den Begriff dafür übrigens tagtäglich. Wenn wir an einer Versammlung teilnehmen, sagen wir manchmal: „Es herrschte ein guter Geist", oder: „Der Mannschaftsgeist war hervorragend". Dieser Geist, der ein Eigenleben führt, ist im übrigen die Ursache dafür, daß wir von „dem Franzosen" sprechen, denn auch jedes Volk hat seinen eigenen Geist, so wie in einem größeren Zusammenhang auch die Erde ihren eigenen Geist gegenüber anderen Planeten haben wird.

Wenn dem so ist, dann müssen wir derartiges doch auch im täglichen Leben wiederfinden können. Darüber könnte ich einige erheiternde Anekdoten erzählen.

An meiner früheren Arbeitsstelle beschäftigte ich mich mit Marketingfragen von Lebensmitteln und Süßwaren. Es ging darum, bereits bestehende Produkte zu verbessern bzw. herauszufinden, welche neuen Produkte sich verkaufen ließen.

Mir stand dazu ein großräumiges Büro mit einigen Tischen zur Verfügung, die das ganze Jahr über mit den herrlichsten Süßigkeiten bedeckt waren.

Die Fenster dieses Zimmers waren sowohl im Winter als auch im Sommer weit geöffnet. Vor allem während des Sommers wäre mein Büro ein Paradies für Wespen gewesen. Eigenartigerweise wurde ich von diesen kleinen Wesen nur sehr selten heimgesucht. Da war es schon etwas seltsam, daß in einem Büro, das neben dem meinen lag und in dem es immer blitzsauber und ordentlich war, ein Mann arbeitete, der andauernd von seinem Stuhl hochsprang, um Wespen zu erschlagen. Dieser Kampf währte den ganzen Sommer lang, und Tag für Tag wurden wohl zehn bis zwanzig Opfer gemacht. Auf den ersten Blick hatten die Wespen überhaupt keine Veranlassung in diesen Büroraum einzudringen, in dem es nichts zu schlemmen gab, während sie mein ungeordnetes süßes Paradies zu meiden schienen.

Und dennoch geschah jedes Jahr das gleiche.

Wie läßt sich das jetzt erklären?

Wespen haben einen saturnischen Einschlag, der mit einer erheblichen Dosis Aggressivität einhergeht.

Der betreffende Mann war von der gleichen Art: ein Widder, mit einem exponierten Saturn, der zudem reich aspektiert war.

Beide Saturneinflüsse haben sich gegenseitig angezogen und diese Aggressivität hatte die fortwährende Präsenz der Wespen zur Folge, die mit der unmittelbaren Aggression des Menschen kollidierte. Es ging sogar so weit, daß, wenn der Kollege mir in meinem Büro einen Besuch abstattete, nach wenigen Minuten Wespen hereinflogen. Nachdem er das Zimmer verlassen hatte, flogen sie noch etwa zehn Minuten herum und verschwanden dann wieder durch das Fenster.

Die Tierchen hätten sich allerdings ruhig noch etwas bei mir aufhalten können, denn ich respektiere das Leben eines jeden Wesens, des Menschen, des Tieres, der Pflanze oder des Insekts.

Wie funktioniert nun das Bewußtsein eines solchen Wesens?

Wenn wir uns einen Ameisenhaufen ansehen, hat es den Anschein, als wüßte jede Ameise selbständig, was sie zu tun hat. Dem ist jedoch nicht so.

Die Ameise wird von einem zentralen, kollektiven Bewußtsein geleitet, so wie ein Finger der Hand zwar die Handlung ausführt, jedoch nicht selbst entscheidet, was er tun wird.

Die Führung und die Impulse gehen beim Menschen vom Gehirn aus. Es gibt Hellseher, die dieses Kollektivbewußtsein der Ameisen bzw. diesen Gemeinschaftsgeist sehen können.

Wenn es ihn gibt, können wir dann mit ihm kommunizieren?

Dies ist in der Tat möglich.

Man wird bereits festgestellt haben, daß ich, neben meinem Hang zu philosophieren, dazu neige, die Dinge auch in der Praxis zu überprüfen.

Ich habe es damit also auch versucht.

Noud van den Eerenbeemt hatte mir einmal bei einem guten Glas Bier auf einer Terrasse in Antwerpen eine Geschichte von einer Dame aus Gent erzählt, die auf diese Art und Weise mit einer Gruppe von Ameisen in ihrem Käseladen verhandelt hatte. Und siehe da, nach zwei Tagen ließen die Ameisen sie in Ruhe. Dafür hatten sie jedoch leider bei den Nachbarn Einzug gehalten.

Während dieser Zeit hatte ich in der Firma, in der ich arbeite, sehr viel zu tun. Außerdem befand ich mich mitten in den Examensvorbereitungen zum Abschluß eines siebenjährigen Kurses über klassische Homöopathie und es paßte mir absolut nicht, daß ich nachts andauernd von Dutzenden von Mücken geplagt und gestochen wurde.

Das brachte mich bereits seit Wochen um den Schlaf und raubte mir auf diese Weise auch meine Kräfte. Da erinnerte ich mich an die Geschichte von Noud, ich zog eines abends meinen besten Anzug an und wandte mich an den Gemeinschaftsgeist der Mücken mit der nachfolgenden Ansprache: „Sehr geehrter Geist dieser Mücken, ich habe den größtmöglichen Respekt vor Ihnen als Lebewesen und fühle mich daher mit Ihnen sehr verbunden. Von Ihnen kann ich jedoch leider nicht das gleiche behaupten, denn Sie sind dabei, mich derart meines Schlafes zu berauben, daß ich heute oder spätestens morgen einen Unfall bauen werde. Da ich eine Frau und Kinder zu ernähren habe, kann ich dies nicht länger akzeptieren. Deshalb möchte ich Sie freundlich, jedoch dringend bitten, mich fortan in Ruhe zu lassen, da ich andernfalls drastische Maßnahmen gegen Sie ergreifen muß, wenngleich dies meiner Art eigentlich nicht entspricht. Ich gebe Ihnen drei Tage Bedenkzeit und hoffe, daß Sie Verständnis für meinen Standpunkt haben werden.“

Es spricht für sich, daß ich mit freudiger Erwartung der nächsten Nacht entgegensah.

Meine Freude war vielleicht noch größer als meine Verwunderung, als ich in der darauffolgenden Nacht nur noch ein sporadisches Summen hörte und kein einziges Mal gestochen wurde.

In der zweiten Nacht ließ sich keine einzige Mücke mehr blikken. Jetzt, drei Jahre später, werden wir noch immer nicht wieder von Mücken belästigt. Ich nehme an, daß mein Wunsch von Mückengeneration zu Mückengeneration weitererzählt wird.

An einem herrlichen Spätsommerabend im September 1979, nach einem ermüdenden und vor allem heißen Ausstellungstag, labte ich mich in Gesellschaft eines Kunden an einer Erfrischung.

Das einzig Störende dieses Abends war ein Überfluß an Wespen, die alle Gäste belästigten. So kamen auch zu unserem Tisch andauernd Wespen, um die Limonade zu kosten, und mein Begleiter schlug jedesmal munter darauf los, doch es kamen immer neue. Vorsichtig machte ich ihn darauf aufmerksam, er würde die Tierchen ermorden und vielleicht könnten wir zu anderen Lösung gelangen.

„Nun gut", sagte mein Partner, „dann lös' Du mal das Problem!" Dies war natürlich ein riskantes Spiel, denn, würde mein Versuch mißlingen, wäre ich der Lächerlichkeit preisgegeben. Ich konzentrierte meine Gedanken auf zwei Tierchen, die auf dem Glas saßen, in der gleichen freundlichen, jedoch entschiedenen Art, wie ich es bei den Mücken getan hatte. Die Erste flog fast unmittelbar danach weg, die Zweite zögerte noch ein wenig, aber nach etwa einer halben Minute machte auch sie sich davon. Es hat sicherlich etwa fünfzehn Minuten gedauert, ehe sich ein weiterer Eindringling einfand, der sich nach einigem Verhandeln auch zurückzog.

Das Staunen meines Gegenübers war eine zusätzliche Belohnung für meine Anstrengungen.

Hinterher habe ich eine vergleichbare Geschichte über die Kommunikation mit einer Mäusefamilie gehört, die sich nach einem ernsten Gespräch anderweitig niedergelassen haben soll.

Sehen Sie, dies sind Dinge, die jeder für sich selbst in Ruhe ausprobieren kann und, wenn man in ausreichendem Maße Einblick in die Tatsache gewonnen hat, daß alles *EINS* ist, so wird man die gleichen Ergebnisse erzielen.

Man sollte dies nicht anwenden, um materiellen Gewinn zu erzielen, denn ein materieller Vorteil könnte durchaus einen Nachteil für die eigene geistige Entwicklung bedeuten. Wir sollten diese Dinge mit der größtmöglichen Ehrfurcht vor dem

Schöpfer dieses Weltalls und vor seiner Schöpfung angehen. Diese *Einheit,* oder die verschiedenen Arten, in denen diese *Einheit* ausgedrückt wird, findet man auch in der astrologischen Auffassung der menschlichen Ganzheit wieder. Eine astrologische Jungfrau zum Beispiel, damit meine ich jemanden, der ausgesprochen von der „Jungfrau" geprägt ist, also „Jungfrau"-Sonne und eventuell noch einige weitere „Jungfrau"-Planeten, weist Eigenschaften auf wie: Sinn für Ordnung, Sinn für kleine Details, kritischer Blick für diese kleinen Details, mit überwiegendem Interesse für materiell Greifbares. Das Organsystem, von dem die Jungfrau, was die Gesundheit anbelangt, am meisten beeinträchtigt wird, ist das Verdauungssystem, das Darmsystem, denn es hat in seiner Funktionsweise die typischen Jungfrau-Eigenschaften; nämlich die kritische Behandlung der aufgenommenen Nahrung, die größtmögliche Zerkleinerung der Nahrungsbestandteile, dem gesamten Ablauf Struktur zu geben und das Brauchbare an die Leber und Nieren weiterzuleiten bzw. die unbrauchbaren Bestandteile auszuscheiden. Ein Volk, das diesen Jungfrau-Charakterzügen entspricht, ist das schweizer Volk. Gibt es ein Land, das reinlicher ist als die Schweiz? Der Schweizer ist traditionell für seine Genauigkeit, die Uhrenindustrie und seine zuverlässig sorgfältig zubereiteten Lebensmittel bekannt.

Wenn der Schweizer schon einmal in sein Gegenteil „Fische" umschlägt, dann heißt es: „Er trinkt wie ein Schweizer". Damit will ich nicht gesagt haben, daß alle „Fische" große Trunkenbolde sind.

Vor kurzem, bei einer Veröffentlichung in einer Zeitung, wurde meine private Anschrift publiziert. Dies führte zu einem großen Ansturm auf Pyramiden, der in etwa mit dem „Gold Rush", einer Art Boom nach dem kosmischen Gold, zu vergleichen ist. Ein älterer Mann kam zu mir, der nicht genug davon bekommen konnte, und trotz des großen Andrangs einfach sitzen blieb, da er Adressen von anderen Leuten, die auch Interesse an der Sache hatten, bekommen wollte. Sein Problem war ein steifes Knie und dafür war er in ganz Europa, sogar bis nach Moskau, herumgefahren – auf der Suche nach Genesung.

Da fiel mir die Analogie zwischen dem Mann, „der nicht in die Knie geht", und seinem steifen Knie auf. Wie eine „Jungfrau", die Probleme mit ihrem Verdauungssystem hat, so hat ein „Steinbock" Probleme mit den Knien. Die Hinweise waren derart augenfällig, daß ich das Wagnis einging und aufs Geratewohl zu dem Mann sagte: „Sie sind ein Steinbock".

Es stellte sich heraus, daß dies tatsächlich der Fall war. Ich erzählte dem Mann, sein steifes Knie wäre einfach ein verstofflichter Ausdruck seiner geistigen Beharrlichkeit, die eine Folge seiner Konstitution sei. Die einzige Heilung, die dieser Mann finden konnte, bestand darin, einfach etwas lockerer zu sein. Dadurch würde die Steifheit in seinem Knie von selbst verschwinden. Es spricht für sich, daß dies den Mann zu diesem Zeitpunkt in keinster Weise beeindruckte. Solche Einsichten wachsen nur sehr langsam oder sie treten plötzlich, wie ein Blitz aus dem Kosmos, auf.

Ich erzählte einem Freund von mir, Bob von Laarhoven, freier Journalist und Autor, von diesem Vorfall. Da er selbst schon die Hilfe anderer Menschen erfahren durfte, die seine „Kurzsichtigkeit" in der gleichen Weise betrachteten, reagierte er darauf. Ich schlug ihm vor, er solle doch einen Beitrag zu diesem Thema verfassen, der nachstehend folgt.

Das Verfahren von Dr. Bates

Schlecht sehen und insbesondere Myopie (Kurzsichtigkeit) ist eines der eindeutigsten Beispiele dafür, daß Körper und Geist sich gegenseitig tiefgreifend beeinflussen.

Oft setzt die Myopie in dem Alter ein, in dem die Spannungen der Grundschule auftreten, also mit etwa sieben Jahren. Weitere „gefährliche" Momente sind der Übergang vom Gymnasium zur Universität und der Anfang der Wehrdienstzeit.

Das Kind, das unter Myopie leidet (also frühzeitig kurzsichtig wird), ist meistens sehr introvertiert, hat etwas Angst vor der es umgebenden großen Welt, ist nicht sehr sportlich veranlagt und frißt alles in sich hinein.

Es liest in der Regel sehr gerne, weil es sich dabei in eine Phantasiewelt zurückziehen kann. Das unter Myopie leidende Kind ist wirklich in jeder Beziehung kurzsichtig. Es hat eine Abneigung gegen unvorhersehbare Ereignisse und ist im Allgemeinen nicht sehr rege, wohl aber intellektuell veranlagt. Kurzsichtige Erwachsene sind oft sehr egozentrisch. Es sind angespannte, von Natur aus ängstliche Menschen, die oftmals unter milden Formen der Hypochondrie leiden. Sie fühlen sich in der ihnen bekannten Umgebung wohl und entwickeln nur wenig Eigeninitiative.

Die klassische Medizin gibt dem Kurzsichtigen eine Krücke, um sich zu behelfen. Eine Brille ist in der Tat eine Krücke, denn sie verbessert die Sicht des Kurzsichtigen nicht. Im Gegenteil, die kurzsichtigen Augen gewöhnen sich schnell an das Hilfsmittel, das das Akkommodieren übernimmt und auf lange Sicht den Zustand nur noch verschlechtert. Aus diesem Grunde verschlimmert sich die Kurzsichtigkeit oftmals, bis ein bestimmtes Alter erreicht wird.

Anfang dieses Jahrhunderts lebte in New York ein Augenarzt mit Namen Dr. Bates. Er kam zu dem Schluß, daß man sehr *wohl* etwas gegen Kurzsichtigkeit tun kann, und zwar mit Hilfe einer recht erheblichen Anzahl von Augenmuskelübungen, Koordinationsübungen, Entspannungsübungen und erneutem Erlernen des zentralen Sehens mit beiden Augen.

Seinen Schülern wurde bald bewußt, daß der geistige Aspekt der Kurzsichtigkeit genauso wichtig oder sogar noch wichtiger ist, als die erneute Stärkung und Lockerung der Muskeln des kurzsichtigen Auges. Sie erarbeiteten eine Reihe von geistig ausgerichteten Entspannungsübungen. Die „Verkrampfung" des Kurzsichtigen muß verschwinden. Er muß in dieser Beziehung buchstäblich lernen, der Realität ins Auge zu sehen.

Entspannungsübungen, Selbstentdeckung und Selbstverwirklichung sind demnach von großer Bedeutung. In Flandern gründeten zwei Optiker, John Hoet und Guy Eneagels, nach Beendigung ihrer Studien in den Vereinigten Staaten jüngst das *Zentrum für visuelle Therapie,* Bacchuslaan 19, 2600 Berchem, Tel. 003/276282. In diesem Zentrum wird versucht, den Menschen zu helfen, Kurzsichtigkeit (und ebenso andere Formen der Sehbeeinträchtigung) abzubauen. Je jünger der Patient, desto einfacher und vollständiger ist die Rückkehr der normalen Sehkraft, denn die Übungen können auch spielerisch absolviert werden. Die beiden Optiker konzentrieren sich auf den Menschen als Ganzheit, wobei der geistige Aspekt keineswegs vernachlässigt wird.

Eine Brille ist eine Krücke und schlechtes Sehen deutet ebenfalls auf eine schlechte geistige Gesundheit hin. Immer mehr Leute tragen eine Brille. Das ist schlechtes Omen.

Auch in dieser Hinsicht kann etwas für die Gesundheit der Menschen getan werden.

Soweit seine Darstellung.

Beim Menschen befindet sich der Kopf, Pol und Zentrum des Denkens ganz oben, der Pol des Lebens jedoch befindet unten, was sich durch die Anordnung des Verdauungstraktes und der Fortpflanzungsorgane kundtut. In den meisten Ländern findet man die gleiche Einteilung in größerem Rahmen. Sieht man sich zum Beispiel die Niederlande an, dann findet man im Norden die Universität von Leiden, die ernsthafte Seite der Niederlande, im Süden dagegen den Lebenspol mit rauschenden Karnevalsfesten.

Im Norden Frankreichs ist die Industrie angesiedelt, im Süden steht der Genuß des Lebens im Vordergrund; man könnte dazu bemerken, daß diese Aufteilung klimatische Gründe hat und man bei den im Süden herrschenden Temperaturen nicht arbeiten könne. Daß dem nicht so ist, zeigt sich beispielsweise in Italien, wo die Industrie ebenfalls im Norden konzentriert ist und Italiens Norden liegt südlicher, als der Süden Frankreichs. Nordamerika, Südamerika – alles ist nach den gleichen Gesetzmäßigkeiten organisiert, weil alles aus dem selben Ursprung hervorgegangen ist. Die Wechselwirkungen sind allgegenwärtig.

Vor einigen Tagen machte eine Krankenschwester die Bemerkung, daß in der Entbindungsstation eines großen Amsterdamer Krankenhauses bei Vollmond mit einer erheblich größeren Personalbesetzung gearbeitet wird, da die Anzahl der Geburten dann drastisch zunimmt.

Wodurch kommt das? Die Kraft des Mondes ist magnetisch und zieht an allen Flüssigkeiten, dem Blut und dem Wasser. Der Vollmond hat die größte Kraft, da er die Sonne in ihrer Ganzheit widerspiegelt. Dann zieht er die Kinder gleichsam aus der Gebärmutter, wohingegen Geburten bei Neumond viel problematischer verlaufen. Die Meere der nördlichen Halbkugel sind auch diesem Einfluß unterworfen, was sich in Ebbe und Flut zeigt. Die Wissenschaft anerkennt diese Energie, kann sie allerdings nicht messen. Der Mond symbolisiert das Gefühl, die seelische Welt. Achten Sie in Ihrer Umgebung einmal auf Menschen, die unter den Sternzeichen „Krebs", „Skorpion" oder „Fische" geboren wurden. Diese Menschen haben bei Vollmond oftmals Probleme mit ihrem Gefühlshaushalt, vor allem dann, wenn der Mond in ihrem Geburtshoroskop oder in ihrer Himmelskarte schlecht aspektiert ist, zum Beispiel durch einen Planeten, der sich in Quadratur (neunzig Grad) oder in Opposition (einhundertachtzig Grad) befindet.

Die wenigen Landwirte, die noch um diese Einflüsse Bescheid wissen, werden auch der Mondkraft Rechnung tragen, wenn sie die Saat ausbringen. Ein Gemüse, das seine Früchte unterhalb der Erde entwickelt, wie Knollengewächse, muß unmittelbar vor Vollmond gesät werden. Nach einigen Tagen nimmt die Mondkraft ab und die Säfte sinken in die Wurzeln hinab, damit diese sich voll entwickeln können.

Im umgekehrten Fall erhält man herrlich ausgewachsene Blätter und kaum eine Knolle. Deshalb ernteten früher die Kräuterfrauen bei Vollmond oder Neumond, wenn sie Bedarf an Blumen, Wurzeln oder Kräutern hatten.

All diese Weisheit und wirkliche Naturkenntnis, vor allem deren Begreifen, ist uns zum größten Teil verloren gegangen, kehrt nun aber langsam in unser Bewußtsein zurück.

Hat man erst einmal den Ansatzpunkt gefunden, erkennt man bald, wie sich diese Zusammenhänge überall in unserer Umwelt widerspiegeln, und diese Umwelt ist wiederum ein Spiegel dessen, was in unserer Seele vor sich geht.

Mit Recht wird oft behauptet: „Sag mir, wer Deine Freunde sind, und ich sage Dir, wer Du bist". Das Umfeld eines jeden ist Abbild dessen, was in ihm vorgeht. Auch die Fehler eines Menschen spiegeln sich in seinen Mitmenschen wider. In der Psychologie nennt man dies Projektion. Man bekommt zurück, was man selbst aussendet. Trägt man mit jemandem dauernd Konflikte aus, und dieser jemand fällt einem mit der Zeit lästig, bedeutet dies, daß die einen am anderen störenden Wesenszüge eigentlich in der eigenen Seele wurzeln. Die Schwingungen, die von jenem Mitmenschen ausgesandt werden, finden einen Anknüpfungspunkt bei einem selbst, da man sie sonst nicht bemerken würde. Folglich kommt es darauf an, erst einmal an seiner eigenen Persönlichkeit zu arbeiten. Dann werden einen die Unzulänglichkeiten und egoistischen Verhaltensweisen der anderen nicht länger stören, da sie keinen Nährboden mehr finden.

Ein schönes Beispiel hierfür ist die folgende Situation, die sich während eines gemütlichen Festes ergab.

Es wurde ein herrlicher Zwetschgenkuchen serviert. Die Stücke waren sehr unregelmäßig geschnitten, so daß ein ungewöhnlich großes Stück und ein ausnehmend kleines dabei waren. Einer der anwesenden Gäste nahm sich so heimlich wie möglich das größte Stück des Kuchens.

Mein Nachbar zur Linken, der als letzter an die Reihe gekommen wäre, stieß einen erleichterten Seufzer aus. Er mochte keinen Zwetschgenkuchen und hatte bereits befürchtet, das größte Stück würde bei ihm landen. Mein Nachbar zur Rechten flüsterte eine giftige Bemerkung in mein Ohr: „Haben Sie gesehen, was für ein Egoist er ist? Hat er sich doch verdammt nochmal das größte Stück genommen, ohne auf die anderen zu achten". Es war offensichtlich, daß sich mein Nachbar zur Rechten auf den Schlips getreten fühlte. Sein Egoismus war verletzt, da er selbst das große Stück haben wollte. Sonst hätte ihn der Vorfall nicht so gestört. Mein Nachbar zur Linken war erleichtert, weil in diesem Falle sein möglicherweise auch vorhandener Egoismus nicht angesprochen wurde. Es kann sein, daß er das habgierige Verhalten des anderen registriert hat, was ihn aber nicht störte. Es drängt sich die Schlußfolgerung auf, daß wir die Umstände und unsere Umgebung tatsächlich in den Griff bekommen können, wenn wir an uns selbst arbeiten und alle oder möglichst viele Fehler unseres Charakters beseitigen. So werden die störenden Elemente in unserer Umgebung wie Schnee in der Sonne verschwinden. Alles kommt so auf uns zurück, wie wir uns unserer Umgebung mitteilen. Sind Seele und Körper gereinigt, sehen wir nur noch das Reine, was uns stärkt. Das Überflüssige weicht von uns. Unglück wird zu einem Mittel der geistigen Entfaltung, das wir dankbar aufgreifen, um uns der geistigen Vollendung zu nähern.

Wir sind nicht länger Opfer oder Spielball des Schicksals, wir haben es selbst in die Hand genommen und können alles für das letztendliche Ziel verwenden. Diese Einheit mit der kosmischen Substanz und der Herrschaft über diese wird vortrefflich in Spaldings Buch: „Die Meister aus Fernost" geschildert. Er beschreibt darin das einige Jahre dauernde Zusammenleben einiger amerikanischer Wissenschaftler mit diesen Meistern. Was sie dort gesehen und gelernt haben, wurde sorgfältig aufgeschrieben und analysiert.

Etwas über Energie

Einige der Energieformen sind uns bekannt, manche können wir beschreiben, der wirkliche Ursprung und die treibende Kraft der Energie bleibt jedoch nach wie vor ein Fragezeichen für die Wissenschaft, die sich mit dieser Materie beschäftigt. Wenn es sich um den Ursprung der Energie handelt, landen wir bei den philosophischen Wissenschaftlern der Gegenwart, wie Boronowsky, Einstein – Menschen, die den Mut hatten zu erklären, daß sich um so mehr Fragen ergeben, je mehr sie entdecken, wenn sie sich ausschließlich mit dieser Materie befassen. Dr. Kozyrev, dem russischen Gelehrten, ist es gelungen, die Densität „Zeit" zu messen; er nennt „Zeit" die universellste Energie auf dieser Erdkugel. Es gibt einige Energien, denen wir im alltäglichen Sprachgebrauch einen Namen gegeben haben, deren wahre Wirkung, deren Ursprung oder deren Wesen wir jedoch nicht ohne weiteres zu erklären vermögen.

Wir sprechen von der Kraft der Liebe. Niemand wird behaupten wollen, daß es sie nicht gibt. Diese Kraft führt Menschen tatsächlich zu unglaublichen Leistungen. Das Fehlen dieser Kraft läßt Menschen erlöschen.

Was ist das Wesen dieser Energie?

Wir sprechen von der Kraft der Vitamine.

Hat jemals einer diese Kraft gemessen oder gesehen? Was ist eigentlich die Kraft von Vitaminen? Was ist überhaupt ein Vitamin?

Eine der wundervollsten Kräfte ist wohl die Keimkraft oder Energie des Samens. Haben Sie sich schon einmal überlegt, was für eine unglaubliche Kraft dies im Verhältnis zu der Winzigkeit eines kleinen Samens bedeutet? Wie kann es möglich sein, daß ein solcher in die Höhe schießende Samen einen Stein zur Seite drängt, sich sogar durch eine Asphaltschicht hindurch einen Weg nach oben bahnt? Nach Überlieferungen soll es eine Kultur gegeben haben, die diese Energie für den täglichen Gebrauch praktisch verwertbar umwandeln konnte.

Hier stellt sich eine der Grundfragen, wenn wir auf die kolossalen Bauwerke alter Kulturen zurückblicken. Manche dieser Bauten könnten wir in unserer Zeit mit unserer weit fortgeschrittenen Technik nicht nachahmen. Im Gegenteil, als der Assuandamm erbaut wurde, hat man versucht, bestimmte Bauwerke abzutragen, um sie versetzen zu können. Man hat es nicht geschafft, einen Steinblock von zweihundert Tonnen zu transportieren. Er mußte in Stücke gesägt werden, um fortgeschafft werden zu können. Wie haben es dann die sogenannten „primitiven" Kulturen geschafft, mit solchen Blöcken zu bauen? Der Denkfehler, den wir wahrscheinlich machen, ist folgender: Wir hängen an einer Evolutionslehre fest. Alle Dokumente aus dem Altertum, die wiedergefunden werden und nicht in diese Evolutionstheorie hineinpassen, werden ohne nähere Überarbeitung zur Seite gelegt.

Wir können uns einfach nicht vorstellen, daß bestimmte alte Kulturen einen höheren Entwicklungsstand als den unseren gehabt haben. Auch wenn es sich dabei nur um einen Teilbereich handelt. Deshalb ist es auch so schwierig, für so manches befriedigende Erklärungen zu finden.

Der dänische Ingenieur Tons Brunes hat seine Vorurteile abgelegt, um diese Dinge mit unverstelltem Blick betrachten zu können. Er war erstaunt über die Tatsache, daß es in der Pyramide sehr dunkel ist, jedoch nirgendwo Rußspuren von Fackeln, Kerzen oder was auch immer zu finden sind, die für Beleuchtung gedient hätten.

Bei der Erforschung der Reliefs des Tempels von Dendera entdeckte er eine Abbildung, die eine exakte Kopie einer mit

Isolatoren verbundenen Glühbirne zu sein schien.

Es spricht für sich, daß kein einziger Ägyptologe vor dem Jahre 1872, dem Jahr der Erfindung der Glühbirne, diese Zeichnungen verstanden hat. Sie erhielten dann entweder keine oder eine andere Erklärung, die in das Schema der jeweiligen Untersuchung paßte.

Derselbe Tons Brunes fand vor einigen Jahren im Nationalmuseum von Kairo in einer Rumpelkammer für nicht identifizierbare Gegenstände, sprich „nicht ins Schema passende“, eine Art Truhe, die zu seiner Überraschung wie eine Batterie funktionieren konnte! Hellauf begeistert von dieser jahrtausendealten Batterie suchte der Elektrotechnik-Ingenieur den wichtigsten Museumsspezialisten Kairos auf. Sichtlich amüsiert erklärte der Historiker, daß es keine Batterie sein könne, auch wenn der Gegenstand einer Batterie ähnlich sehe, da es zu der Zeit, aus der der Gegenstand stammt, noch keine Elektrizität gegeben habe! Wozu es wohl gedient haben mochte, konnte er jedoch nicht erklären.

Offenbar ist dieser Historiker ein Opfer seiner Spezialisierung, sonst hätte er bestimmt gewußt, daß in der indischen heiligen Schrift *Kumbhadbawa Agastyamuni,* die 5.000 Jahre vor Christus geschrieben wurde, eine detaillierte Beschreibung eines Gerätes, das man *Mitra* nennt, gegeben wird. Ein Gerät, das eindeutig ein Akkumulator zur Erzeugung von Licht ist. Im Text wird sogar beschrieben, daß bei Verbindung mehrerer Zellen miteinander, das Gerät ein außergewöhnlich klares Licht erzeugt.

Theologen, denen diese Schriften bekannt sind, widmen diesem Tatbestand keine Aufmerksamkeit und Historiker und Archäologen befassen sich üblicherweise nicht mit den heiligen Schriften.

Und so entsteht durch die Spezialisierung ein Kurzschluß, durch den wichtige Daten verlorengehen. Die Informationen sind vorhanden und warten auf einen Mann, der seine Intuition und seinen Verstand benutzt, um die verschiedenen Fakten miteinander in Verbindung zu bringen und außerdem bereit ist, seine allgemeine Reputation aufs Spiel zu setzen, indem er mit nicht ins Allgemeinbild passenden Theorien aufwartet. Die Zeiten ändern sich und all das, was fest eingefahrene Theorie ist, wird in unserer Aquarius-Ära allmählich angezweifelt. Neue Ansichten finden ihren Weg und entsprechendes Gehör. Nur werden die Dinge manchmal vollkommen auf den Kopf gestellt. Früher wurde die Weisheit und Erkenntnis innerhalb einer kleinen Gruppe festgehalten, die sie von oben herab nach unten durchsickern ließ. Heutzutage geschieht es, daß ein einzelner intuitiv etwas findet und es mittels eines Buches oder über die Massenmedien direkt an die große Masse weitergibt.

Das gleiche passiert mit der Pyramidenenergie. Durch Veröffentlichungen in Zeitungen und Magazinen fangen Tausende zu experimentieren an.

Wenn sich aus den praktischen Versuchen Tausender von Menschen ergibt, daß es funktioniert, erst dann machen sich einige aufgeschlossene Professoren – die sich davor hüten müssen ihrem Ansehen zu schaden – daran, die Vorgänge zu untersuchen. Dies geschieht in der Regel mit den sogenannten Hilfswissenschaften. Jeder hat doch schon einmal eine telepathische Erfahrung gemacht, etwa im Sinne von: an jemanden denken, den man schon seit Monaten oder Jahren nicht mehr gesehen hat, und plötzlich ruft er an oder steht vor der Tür.

Telepathie ist in Westeuropa ein allgemein anerkanntes Phänomen. Ich kenne jedoch nur eine Universität, die sich mit diesem wichtigen Phänomen beschäftigt. In den Ländern hinter dem eisernen Vorhang wird bereits seit Jahren auf universitärer Ebene mit dieser Form von Energie gearbeitet, um ihre Möglichkeiten zu erforschen. Das gleiche gilt für die Telekinese und andere Kräfte. Auch in den Vereinigten Staaten versucht man seit etwa zwanzig Jahren mit zunehmendem Tempo den Rückstand wettzumachen.

Gegenwärtig werden auch neue, bislang noch unbekannte Energien entdeckt, die manchmal sogar kolossalen Umfang haben. Der Nobelpreisträger des Jahres 1936, Victor Francis

Hess, entdeckte während eines Laborversuches mit Luftballons, daß im Luftraum Strahlungen von Protonen und leichten Atomkernen vorhanden waren, die eine sehr hohe Ladung besaßen – später nannte man diese Energie kosmische Ultrastrahlung. Der Astrophysiker Noyle sagt dazu: Die Kernenergien der Atomwaffen sind im Vergleich zu den Kräften im Kosmos lediglich Platzpatronen. Wir wissen jedoch noch nicht, wie sie entstehen. Die NASA beschäftigt sich derzeit sehr intensiv damit. Wilhelm Reich (1897-1957) machte als Arzt und Psychoanalytiker ausführliche Untersuchungen mit dieser Form der Energie. Seine Entdeckungen waren dermaßen spektakulär, daß sie an der Skepsis seiner Kollegen abprallten. Darüber hinaus paßten seine Ergebnisse nicht in das gängige Schema und so wurde die Angelegenheit buchstäblich boykottiert. Reich nannte diese Energieform: Das *Orgon*.

Diese Energie ist, wie zum Beispiel auch Zeit und Licht, im Raum vorhanden. Reich entwickelte Methoden, um diese Energie visuell unter dem Mikroskop oder per Wärmemessung nachzuweisen. Die Orgon-Energie steht in engem Zusammenhang mit Anwendungen im Gesundheitsbereich, aber am spektakulärsten war ein Versuch, es mit ihrer Hilfe während einer Trockenperiode regnen zu lassen. Anfang des Jahres 1950 wurde New York von einer Hitzewelle heimgesucht, wobei nach Meinung verschiedener meteorologischer Institute keine Aussicht auf Regen bestand.

Hellmuth Hoffmann beschreibt dies in einem seiner Aufsätze. In einigen hundert Kilometern Entfernung wurde das Gerät (der Cloude Buster) eingeschaltet.

Bereits einige Stunden nach Beginn des Experimentes wurde aus New York angerufen und mitgeteilt, es habe seit Jahren keinen Wolkenbruch dieses Ausmaßes gegeben.

Später wurden Korrekturen vorgenommen, um die Regenmenge zu regulieren, so daß man die gewünschte Niederschlagsmenge zwischen feinem Sprühregen und schweren Regenfällen dosieren konnte.

Über die Orgon-Energie gelangen wir zur Bio-Energie, dem Magnetfeld eines jeden Lebewesens oder Minerals. Auch unsere Emotionen, die Kraft der Liebe, die Keimkraft des Samens, die mit dem *Prana* vergleichbar ist, besitzen ein solches Magnetfeld.

Reich baute einen Orgon-Akkumulator *(Orac)* für medizinische Zwecke. Professor Dr. Theodore P. Wolffe beschreibt den Orac als „die wichtigste Entdeckung der medizinischen Wissenschaft“. Ärzte auf der ganzen Welt wenden ihn an bei der Behandlung von eiternden Wunden, Asthma, Angina pectoris, Arteriosklerose sowie Krebs.

Dr. Simion I. Tropp berichtet über die Krebstherapie folgendes: „Organon hat eine positive Auswirkung auf den Organismus, lindert Schmerzen, regeneriert den Blutkreislauf und verhindert gleichzeitig die Degeneration des Organismus. Dadurch kann dieser erneut aktiviert werden, und es können die idealen Voraussetzungen und Möglichkeiten geschaffen werden, die Krankheit optimal zu bekämpfen. Die natürlichen Funktionen und dadurch der gesamte Abwehrmechanismus des Körpers werden stimuliert.“

Hier treffen wir wieder auf ein Bindeglied zur Homöopathie und zur Pyramidenenergie. Wie W. Hahnemann, Begründer der gegenwärtigen Homöopathie, der von einer Basiskonstitution mit ihren Grundfehlern ausgeht, so behauptet auch Reich, daß es ein typisches Grundleiden des autonomen Lebensmechanimus gibt. Dies äußert sich in verschiedensten Krankheitsbildern – Erkältung, Asthma, Ausschlag, Karzinome (Geschwulste), Ängste, Multiple Sklerose, chronischer Alkoholismus, usw.

Es hat demnach keinen Sinn, die Symptome zu bekämpfen, eher sollte man das Grundelement, die Lebenskraft und die Dynamik stimulieren. In Anlehnung an die chinesische Akupunktur ist mittlerweile auch ein Orgon-Punktstrahler entwickelt worden.

Hier wird, meiner Meinung nach, alles zu einem umfassenden Ganzen zusammengeführt.

Für sich gesehen sind diese Behandlungsmethoden lediglich

teilweise eine Widerspiegelung der Wahrheit. Die kosmische, lebensspendende und lebenserneuernde Energie ist überall vorhanden. Hippokrates sagte bereits zu seiner Zeit: „Es gibt keine andere Autorität, als die Fakten: nur aus Fakten können letztendlich Schlußfolgerungen gezogen werden." Reich geht von der Annahme aus, daß die kosmische Orgon-Energie überall vorhanden ist. Die Praxis zeigt, daß durch Akkumulation dieser Energie eine Aktivierung unseres Organismus erreicht wird.

Die Homöopathie setzt diese Energie frei, indem Kräuter, Pflanzen und Mineralien dynamisiert und potenziert werden. An tausenden gesunden Menschen wurde diese Energie erprobt, die Testergebnisse notiert und in den Materia Medica niedergelegt. Durch Akupunktur wird einer bestimmten Stelle des menschlichen Körpers diese Energie zugeführt. Der Orgon-Akkumulator wirkt durch Umstrahlung des gesamten Körpers in der gleichen Weise.

Jetzt werden wir uns auch des heilenden Einflusses der Pyramidenform bewußt, die ebenfalls wie ein Energie-Akkumulator zu funktionieren scheint.

Die Architekten des Planes für den Bau der Pyramiden wußten dies bereits vor Jahrtausenden.

Der Bau der Cheops-Pyramide

Möchte man eine Idee ausdrücken oder darstellen, so muß deren Wahrnehmbarkeit durch die Sinne gewährleistet sein. Die Erbauer der Pyramiden taten dies auf eine Art und Weise, die selbst für unsere gegenwärtige hochtechnisierte Gesellschaft unnachahmlich ist. Die Pyramiden wurden aus Stein und an Stellen errichtet, die alle Naturereignisse und Katastrophen überleben würden.

Der einzige Feind, der der Cheops-Pyramide etwas anhaben konnte, war der Mensch mit seiner Habgier und Geltungssucht. Der steinerne Außenmantel der Pyramide wurde für den Bau von Palästen und Gebäuden verwandt.

Die Cheops-Pyramide wurde aller Wahrscheinlichkeit nach im Jahre 2645 v.Ch., 2.300 Jahre vor Bhudda, das heißt 300 Jahre vor der Sintflut, errichtet. Die beim Bau der Pyramide angewandten Techniken sind für die heutige Wissenschaft noch immer ein Gebiet der Spekulation mit vielen offenen Fragen. Das Eigenartige an der ägyptischen Kultur ist, daß sie sich nicht im Rahmen einer langsamen Entwicklung von der Primitivität bis zur Perfektion bewegt hat. Die ägyptische Kultur hat ihre schönsten Bauwerke zu Beginn ihrer Epoche hervorgebracht. Was nachher kam, war schlechter verarbeitet und zeigte eigentlich bereits den Niedergang an. Eine Erklärung hierfür wäre, daß die Führer des ägyptischen Volkes Abkömmlinge einer Kultur waren, die sich auf dem Höhepunkt ihrer Entwicklung befand, bevor sie von der

Sintflut ausgelöscht wurde. Einige Seher hatten dies prophezeit, sich in Sicherheit gebracht und ihre Erkenntnisse an das ägyptische Volk beziehungsweise dessen Elite weitergegeben, die sie dann unmittelbar in die Praxis umgesetzt haben.

Die Schwierigkeit für unsere Historiker liegt offenbar darin, daß sie die Existenz von Völkern nicht akzeptieren können, die vielleicht über größere Kenntnisse und Fähigkeiten verfügten, wie wir sie heute haben.

Wie wurde die Pyramide gebaut?

Bei der Vielzahl der Bücher, die zu diesem Thema verfaßt wurden, gehen die Meinungen über die Art und Weise des Baus der Cheops-Pyramide am weitesten auseinander. Um dem Leser einen Eindruck von der gigantischen Größe dieses Bauwerks zu vermitteln, stellen wir einige Vergleiche an. Wenn wir die 2,3 Mio. Blöcke mit einer normalen Mauerstärke hintereinander stellen würden, ergäbe dies eine ein Meter hohe Mauer rund um ganz Frankreich. Volumenmäßig könnte man alle nachfolgend genannten Gebäude in der Pyramide unterbringen: St. Peter zu Rom, die Kathedralen von Mailand und Florenz, Westminster Abbey und die St. Pauls Cathedral in London.

Aus den Steinen der Pyramide könnte man dreißigmal das Empire State Building erbauen. Durchschnittlich wiegen die einzelnen Blöcke 2,5 Tonnen, einzelne wiegen bis zu 70 Tonnen, wie zum Beispiel die Granitblöcke in der königlichen Grabkammer. Die Blöcke wurden dermaßen perfekt rechteckig gesägt, daß die größte Fuge zwischen zwei Steinen nicht größer als ein halber Millimeter ist. Wie exakt wurden diese kolossalen Blöcke nebeneinander gestellt, sogar in einer Höhe von 130 Metern!

Hier könnte man sich einige Fragen stellen:

Wie wurden diese Granitblöcke mit bis zu 70 Tonnen Gewicht über eine Entfernung von 800 Kilometer aus den Steinbrüchen von Aswan transportiert? Möglicherweise mit riesigen Booten auf dem Nil, aber von diesen großen Booten hat man nirgendwo Spuren entdecken können. Wie wurden diese Blöcke von der Bootsanlegestelle zur Baustelle transportiert?

Schiffbar war der Nil in Reichweite der Steinbrüche für große Boote lediglich bei höchstem Wasserstand. Zu jener Zeit aber waren die Strömungen noch sehr stark und die Ufer verschlammt. Um mit einem Hebesystem einen Block von 70 Tonnen auf ein Schiff zu hieven, braucht man auf jeden Fall einen festen Boden und einen sehr großen Hebelarm.

Meines Wissens war der erste und einzige, der über den Bau der großen Pyramide geschrieben hat, der griechische Geschichtsschreiber Merodotus, der im 5. Jahrhundert vor unserer Zeitrechnung lebte.

Ein Bericht also, der etwa 2.200 Jahre nach dem Bau der Pyramide – ebenfalls aufgrund von Spekulationen – abgefaßt wurde. Seiner Meinung nach arbeiteten etwa 400.000 Menschen 20 Jahre lang am Bau der Pyramide. Man stelle sich einmal vor, all diese Arbeiter hätten dort gewohnt.

Max Toth und Greg Nilsen schrieben in ihrem Buch, daß keine Spuren einer Siedlung oder Stadt gefunden wurden. Dies muß zwar nicht viel bedeuten, denn eine solche Siedlung hätte höchstwahrscheinlich nur provisorischen Charakter gehabt und wäre bald zerfallen. Nun glaubt man jedoch zu wissen, daß zu jener Zeit nur 1,4 Mio. Menschen in Ägypten lebten. Viele Hunderttausend Arbeiter auf 1,4 Mio. Menschen, Arbeiter, die ausschließlich mit einem Bauwerk beschäftigt sind, scheinen mir doch etwas unwahrscheinlich.

Die Wirtschaft eines solchen Landes, deren Landwirtschaft und Ernährung, gerieten dadurch in erhebliche Bedrängnis.

Die Versuchung ist zu groß, all jenen Theorien und Spekulationen nicht auch mein eigenes Gedankenmodell hinzuzufügen, um die Verwirrung noch etwas größer werden zu lassen.

Ideen, die aus dem Lesen von Büchern aus der Geschichte, Religion, Astrologie, fernöstliche Weisheit, Magnetismus und andere Themen erwachsen sind:

Da alles aus Energie besteht, die mehr oder weniger stark verdichtet ist, alles aus Schwingungen auf hoher und niederer Ebene, und da sich alles in konzentrischen Energiebahnen bewegt, gibt es für mich eine sehr einfache und durchaus plausible Erklärung.

Die Mauern von Jericho sind durch einen Posaunenschall gefallen, der die Eigenresonanz des Gesteins traf und dessen Zerstörung bewirkte. Caruso brachte auf gleiche Weise ein Glas zum Zerspringen.

Ich habe gehört, daß eine nicht genannte Kriegsmacht eine Geräuschbombe entwickelt hat, die auf das Schwingungsniveau des Menschen (seines Stoffkörpers) abgestimmt ist. Wird diese aktiviert, zerfällt der Mensch. Gebäude, Pflanzen und Tiere werden davon nicht betroffen. Tibetanische Mönche können ihr Schwingungsniveau durch die Kräfte ihres Geistes, die Schwingungen einer höheren Ebene sind, derart beeinflussen, daß sie sich von der Erde lösen, was man Levitation nennt. Bei ihnen ist die Levitation eine zufällige Folge ihrer Meditation. Sie bildet kein Ziel in sich, wie dies in der Schweiz vor einigen Jahren wohl der Fall war, als man für einige Hundert Schweizer Franken innerhalb von 14 Tagen die Technik der Levitation erlernen konnte, losgelöst von dem geistigen Ereignis, nur eben so als Sensation. Sogar solche Vorgänge werden in den Bereich des Kommerziellen gezogen. Meiner Meinung nach haben die Ägypter eine Technik angewandt, mit der sie das Schwingungsniveau des Gesteins veränderten oder es dem Einfluß der Schwerkraft teilweise entziehen konnten, so daß der Transport möglich wurde.

Man wird vielleicht eher dazu geneigt sein, meinen Gedanken in dieser Richtung zu folgen, wenn man sich vor Augen führt, daß wir mit unseren Millionen von Dollar und unseren mächtigsten Maschinen nicht in der Lage waren, einen Block von 200 Tonnen zu transportieren. Die Ägypter brachten ihn exakt an seinen vorgesehenen Platz.

Beim Versuch, einige Pyramiden und Gebäude während der Errichtung des Assuanstaudammes zu retten, war dies tatsächlich der Fall. Der Block von 200 Tonnen mußte in Stücke gesägt und anschließend versetzt werden. Versuchen Sie sich vor Augen zu führen, wie ein Volk mit primitiven Mitteln einen solchen

Block transportiert und mit unglaublicher Genauigkeit in die exakte Position gebracht hat. Die Kunstfertigkeit dieses Volkes lag noch um ein erhebliches höher. Der Zement, der die Blöcke miteinander verbindet, ist derart dünn und von einer solch unglaublich guten Qualität, daß ein einzelner Stein, nur an einer Seite zementiert, haften bleibt, trotz Witterung und Lichteinwirkungen. Die Zusammensetzung des Zementes konnte bislang nicht analysiert werden.

Beschreibung des Bauwerkes

Der Einfachheit halber werde ich alle Daten in Inches und Feet übertragen, da dies in der Literatur zu diesem Thema Usus ist. Die Abmessungen stammen aus dem Bauplan der Pyramide, wie ihn Ingenieur Davidson beschreibt. Der eigentliche Bau hat eine Abweichung, die eine wichtige symbolische Bedeutung hat.

In der Königskammer wurde ein Stein an der Decke bis auf das letzte Stückchen abgeschliffen, wobei man einen Anhaltspunkt gefunden hat. Das Stückchen war bis auf eine halbe Haaresbreite identisch mit einem britischen Inch und wir werden es nachfolgend das Pyramiden-Inch nennen; es ist ein fünfundzwanzigstel des Rauminhalts der Königskammer und anderer Stellen. Nach den letzten geodätischen Messungen, die im Jahre 1957-1958 vorgenommen wurden, ist dies der zehnmillionste Teil der Entfernung vom Erdmittelpunkt zum Nordpol, die 3949.89 Meilen beträgt. Der Umfang der Pyramide beträgt 36.524 P-Inches. (25 P-Inches = 25,026 britische Inches)

Die Höhe der Pyramide beträgt 5.813 P-Inches, die Summe der Basisdiagonalen 25.826 P-Inches.

Damit können wir bereits eine ganze Menge nachweisen.

Die Höhe der Pyramide, vom Apex (Spitze) zur Grundfläche in der Mitte der Pyramide beträgt 5.813 P-Inches.

Betrachten wir diese Strecke als den Radius eines Kreises, hätte dieser Kreis einen Umfang von 36.524 P-Inches.

Dieses Verhältnis ergibt bis auf einen Bruchteil die Zahl Pi, nämlich 3,14159, eine Zahl, die erst im 6. Jahrhundert von unseren Mathematikern entdeckt wurde; die Ägypter kamen auf 3.144. Der Umfang von 36.524 Inches ergibt durch 100 geteilt 365,24, was genau die Anzahl Tage ist, die die Erde zur Umkreisung der Sonne benötigt. Das alles wissen wir heute. Es hat aber bis zu Galilei eine Zeit gegeben, in der man in der westlichen Welt von der Annahme ausging, die Erde sei flach und die Sonne drehe sich um die Erde. Mit anderen Worten: vor 4.625 Jahren gab es eine Kultur, die bereits wußte, was uns erst seit relativ kurzer Zeit bekannt ist.

Die Höhe der Pyramide beträgt den einmilliardsten Teil der durchschnittlichen Entfernung zwischen Erde und Sonne. Der Umfang der Pyramide entspricht einem exakten Bruchteil des Erdumfanges.

Die Basisdiagonalen sind 25,826 Inches lang.

Wir wissen, daß die Erdachse einen Kreis beschreibt und nach etwa 26.000 Jahren wieder in ihre Ausgangslage zurückkehrt. Jüngste genaue Messungen ergaben dafür einen Zeitraum von ca. 25.800 Jahren.

Die Erbauer der Pyramide geben 25.826 an, eine Zahl, die genauer ist als die angenommenen 26.000 Jahre. Für die Liebhaber werden wir noch etwas genauer auf die Abmessungen dieser Pyramide eingehen. Mit den Abmessungen hat es in der Tat etwas Besonderes auf sich. Dies alles wäre sicher nicht notwendig gewesen zur Errichtung einer herkömmlichen Grabkammer. Nachfolgende Zahlen wurden aus dem Buch „The Great Pyramid Decode“ von E. Raymond Capt übernommen.

Das so genau wie irgend möglich berechnete Gewicht der Pyramide beträgt etwa 5,3 Mio. Tonnen. Das geodätisch ermittelte Gewicht der Erde beträgt etwa 5.300.000.000.000.000.000.000 Tonnen. Die konstante Temperatur in der königlichen Grabkammer beträgt ein Fünftel der Temperaturdifferenz zwischen dem Gefrier- und dem Siedepunkt des Wassers. Dies ist auch die durchschnittliche Temperatur an der Erdoberfläche, wenn man das Mittel der gesamten Erdkugel zugrunde legt.

Die Dichte der Erde wird auf die 5,672fache des Wassers bei 20° Celsius geschätzt. Die Dichte der Pyramide beträgt 5,7.

Die durchschnittliche Höhe der Erdkruste wurde vor kurzem aufgrund geologischer Untersuchungen unter Zuhilfenahme von Luftaufnahmen und Computern ermittelt. Sie beträgt durchschnittlich ca. 4.455 Fuß. Und siehe da: die Höhe der Pyramide, ohne Spitze gemessen, beträgt 454,5 Fuß.

Die durchschnittliche Höhe des Meeresspiegels wurde von Ozeanographen auf 193 Fuß und 7 Inches unterhalb der Grundfläche der Pyramide geschätzt. Rechnen wir die vierfache Pyramidenhöhe, erhalten wir 2325.2 Inches, das sind etwas mehr als 193 Fuß 7 Inches.

Der goldene Schnitt, der beim Bau von Kathedralen und bei der Entstehung der bekanntesten Kunstwerke der Malerei und Bildhauerei angewandt wurde, ist in der Pyramide an verschiedenen Stellen in Perfektion realisiert. Auch die Proportionen des Menschen entsprechen dieser Regel.

Als goldenen Schnitt bezeichnet man, die Teilung einer geometrischen Strecke A-B durch einen Punkt C, der die Strecke derart teilt, daß mathematisch gilt: AB zu AC = AC zu CB.

Auf den Menschen bezogen bedeutet das, daß das Verhältnis der Körpergröße zur Entfernung Fuß-Nabel gleich dem Verhältnis der Entfernung Fuß-Nabel zu Nabel-Apex (d. h. des Kopfes) entspricht.

Die gleiche Relation finden wir in der Pyramide. Wenn wir die rechteckige Fläche des Bodens der königlichen Grabkammer derart teilen, daß wir zwei gleichgroße Flächen bzw. Quader erhalten. Zieht man eine Linie vom Mittelpunkt A der Basisseite durch einen räumlich gesehen darüberliegenden Eckpunkt des Quaders, erhält man Punkt C. Verlängert man nun diese Diagonale AC bis sie die Ebene schneidet, die durch die (verlängerte) Seitenfläche der Kammer gegeben ist, erhält man Punkt B. Punkt C ist dann der Eckpunkt eines Vierecks.

Der Boden der Grabkammer hat die Form eines perfekten

goldenen Rechtecks und enthält weiterhin Informationen über die logarithmische Spirale, die sogenannte Fibonacci-Reihe.

Ich glaube, es ist nicht notwendig, hier noch mehr Daten anzuführen. Wir sollten jetzt einfach zur Botschaft, beziehungsweise dem Geist der Cheops-Pyramide übergehen.

Die Botschaft der Pyramide

Setzt man sich eingehender mit der Cheops-Pyramide auseinander darf man sich nicht wundern, wenn man mit immer neuen Fragen konfrontiert wird. Kann es sein, daß die Cheops-Pyramide ausschließlich als Grab für einen Pharaonen bestimmt war?

Ingenieur Davidson fiel auf, daß die Cheops-Pyramide als einzige der ägyptischen Pyramiden ein System von Gängen hat. So sind drei Kammern untereinander verbunden, unterbrochen von einer 9 Meter hohen Galerie. Die Gänge sind so schmal und niedrig, daß man nur gebückt gehen kann.

Ein Sarkophag mit den üblichen Abmessungen konnte unmöglich durch sie transportiert werden.

Der Sarkophag aus Granit in der Königskammer hat keine Deckplatte. Man kann vermuten, dieser bleischwere Deckel wurde gestohlen, jedoch wären die Abmessungen der Deckplatte dermaßen groß, daß sie unmöglich durch die Gänge hätte nach draußen geschleppt werden können.

So gesehen, könnte man den offenen Sarkophag als eine Art Symbol der Auferstehung nach dem Tode betrachten, und nicht als letzte Ruhestätte.

Warum findet man keine Hieroglyphen in der Grabkammer, wie dies in den übrigen Pyramiden üblich gewesen ist?

Auf diesen wichtigen Aspekt von Davidsons Theorie werde ich im weiteren Verlauf noch zurückkommen.

Mit Staunen wurde bei Luftaufnahmen in den zwanziger Jahren festgestellt, daß die Pyramide an ihren Seiten Einbuchtungen aufweist. Dies wirft weitere Fragen auf.

Bevor wir uns mit der Theorie von Davidson befassen, wäre es interessant, ein paar Einzelheiten aus der Interpretation von Marsham Adams hervorzuheben, der im Jahre 1895 ein erstes Buch über die Cheops-Pyramide schrieb und 1933 eine Zusammenfassung seiner Schriften im Buch „Das Haus des Meisters der verborgenen Räume“ herausbrachte.

Er bezieht sich hier auf das Ägyptische Totenbuch. In diesem Buch wird die Reise dargestellt, die ein Verstorbener machen mußte und die weiteren Prüfungen, denen er sich in der Unterwelt zu unterwerfen hatte, bevor er zu einer schließlichen Reinigung und Auferstehung gelangte.

QUERSCHNITT DURCH DIE GROSSE PYRAMIDE

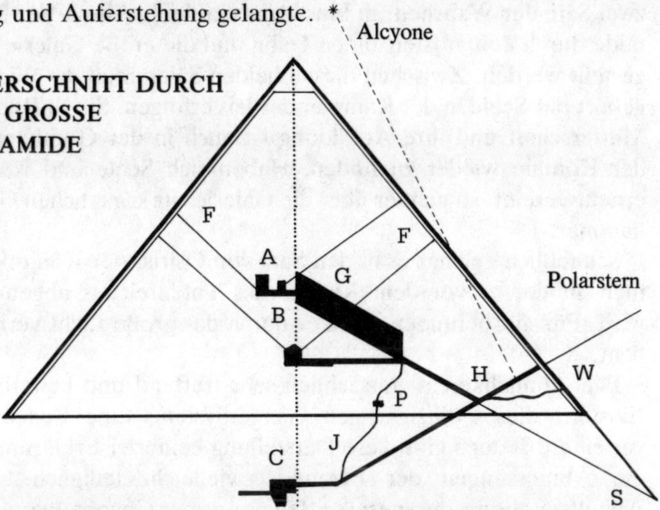

A	Königskammer, vorher die Vorkammer	H	Schnittpunkt des auf- und absteigenden Ganges
B	Königinnenkammer	J	mannsbreiter Schacht
C	Grotte oder unterirdisches Grabmal	P	Brunnen
F	Schächte von 20 cm Durchmesser (die oberen erreichen die Kammern nicht)	S	Schnittpunkt der Verlängerung der Pyramidenseitenwand und des steigenden Ganges
G	9 Meter hohe Galerie	W-H	Arabischer Räuberschacht (aus dem Jahr 820)

Weiterhin wird ein System von Gängen, Sälen und Pforten beschreiben, die der Verstorbene zu passieren hatte. Der absteigende Gang zu der unterirdischen Kammer versinnbildlicht den Weg zum Ort des Schreckens. Nach dem Buch „Die verborgene Schwelle“ gelangt er, unterstützt von einem göttlichen Beschützer (einer Art Schutzengel) zurück bis an den Anfang des aufsteigenden Ganges, der durch Granitblöcke versperrt ist. Dieser Gang war derart gut versteckt, daß man ihn lediglich durch Zufall entdeckt hat. Nur mit Hilfe höherer Entitäten ist der Tote in der Lage, diesen Punkt zu passieren. Dann gelangt er in die zwei Säle der Wahrheit, in Finsternis und Licht, die in der Pyramide durch den aufsteigenden Gang und die große Galerie dargestellt werden. Zwischen diesen beiden Sälen muß die Wiedergeburt der Seele in der Kammer der Isis erfolgen. Sie ist Bild der Mutterschaft und ihre Abbildung ist auch in der Grabkammer der Königin wieder zu finden. Haben sich Seele und Körper erneut vereint, so geht er über die Galerie zur königlichen Grabkammer.

Schließlich gelangt er in den Saal von Osiris, der Königskammer, in der er vor dem Richter des Totenreiches abgeurteilt wird. Für gut befunden, wird er durch das große Licht verherrlicht.

Die Ähnlichkeit ist tatsächlich sehr treffend und könnte der Existenz dieses einzigartigen Gänge-Systems eine Bedeutung verleihen. Jedoch gibt diese Darstellung keinerlei Erklärung für die Abmessungen der Pyramide, vielleicht lediglich einen Anhaltspunkt für die spezielle Bedeutung der Cheops-Pyramide. Ingenieur Davidson hat sich mit dieser Theorie jedoch nicht ganz zufrieden gegeben. Die genauen Messungen, die von Prof. Smyth und später, zur Bestätigung seiner Befunde, von Prof. Petrie durchgeführt wurden, ergaben eine Differenz von 286,1 Pyramid-Inches.

Davidson gelangt zur Schlußfolgerung, daß beide Professoren Recht haben. Prof. Smyth erfaßte die Abmessungen anhand des Bauplans, wohingegen Prof. Petrie die tatsächlichen Abmessungen aufgeführt hatte. Die Differenz scheint in einem Fehler der Erbauer zu liegen. Für Davidson ergaben sich zweierlei Schlußfolgerungen:

Den Abmessungen der Pyramide liegt ein Kreis zugrunde – Symbol für den vollkommenen Anfang ohne Ende.

Dieser Kreis kommt an verschiedenen Stellen und in verschiedenen Abmessungen zum Vorschein. Wie bereits im vorhergehenden Kapitel erwähnt, hat er einen Umfang von 36.524 P-Inches. Die Höhe der Pyramide inklusive Spitze, die 5.813 P-Inches beträgt, entspricht dem Radius des Kreises mit 36.524 P-Inches Umfang, wie im Bauplan vorgesehen. Es gehört also in jedem Fall eine Spitze auf die Pyramide, damit diese Relationen stimmen.

Und über einen weiteren Punkt gelangt Davidson zum Schluß, daß die Pyramide vom Bauplan abweicht. In den sogenannten Königslisten, sowie der alten Chronik von Ägypten, heißt es, daß das Volk von Göttern, Halbgöttern und Königen regiert wurde.

Laut Chronik währte die Epoche der Götter und Könige insgesamt 36.524 Jahre.

Die dritte Rangordnung der Götter regierte 5.813 Jahre; das entspricht dem Radius des Kreises.

Für die Periode der Götter, Halbgötter und Geister wurden 25.826 Jahre angegeben, die Summe der Basisdiagonalen.

Ich habe vollkommenes Verständnis dafür, wenn einen diese Daten nahezu erschlagen, jedoch ist ihre Auflistung notwendig, um die wahre Bedeutung der Pyramide ergründen zu können, ebenso Davidsons Theorie.

Bislang unerwähnt blieben die nachfolgenden Stichpunkte, die zum Thema der Abweichung und der Abmessung der Grundfläche aufgeführt werden: Veränderung in der Form der Erdbahn, das Abflachen der Erdkugel, das Maß der Schwerkraft an jedem Punkt der Erdachse und die Neigung der Erdachse zur Ebene ihrer Bahn.

Hier nun stellt sich die Kernfrage:

Wer hat vor 4.600 Jahren über solche derart genauen Kenntnisse verfügt? Wer hat diese Erkenntnis in einem unverwüstbaren Monument darstellen wollen und weshalb?

Hier stellt sich mir eine weitere Frage: Warum geschah dies auf eine Art und Weise, daß wir die Daten und Informationen ausgerechnet heute entdecken, in unser Bewußtsein dringen lassen und zu verstehen beginnen? Zeitungsartikel und Fernsehsendungen, die sich mit dem Phänomen der Pyramide beschäftigen, zeigen in der gesamten westlichen Welt dieses Verständnis. Wenngleich die Beiträge nicht vollständig und nicht mit allen Hintergrundinformationen sind, so werden sie dennoch überall erwähnt. Davidsons Antwort darauf ist ungemein fesselnd und eröffnet eine Reihe neuer Perspektiven.

Die Antwort gleicht auch den esoterischen Erkenntnissen in der Entwicklung der Menschheit, wie sie unter anderem von Rudolf Steiner und dem Rosenkreuzorden dargelegt wurden und trägt zur Erkenntnis der Botschaft Christi bei.

Davidson zufolge waren die Architekten des Bauplans *nicht* die Ägypter, da sie nicht über die dazu erforderlichen astronomischen Kenntnisse verfügten. Jedoch sind sie *wohl* die Erbauer der Pyramide und demnach auch verantwortlich für die Abweichung vom Bauplan.

Wie gelangten sie dann zur Ähnlichkeit mit dem Ägyptischen Totenbuch?

Laut Davidson ist sowohl die Pyramide als auch das Ägyptische Totenbuch aus derselben Quelle hervorgegangen.

Die große Pyramide wurde durch den Impuls einer höheren geistigen Macht erbaut. Unter Anleitung von Menschen einer Kultur, die durch die Sintflut ausgelöscht wurde. Eine Kultur, die manchmal mit „Atlantis“ bezeichnet wird. Der Pyramidenbau war für sie das Mittel, etwas zum Ausdruck zu bringen. Eine Botschaft und Warnung für spätere Kulturen.

Das Verfahren und der Ort waren tatsächlich so gewählt, daß sie die Sintflut überstanden hat und trotz der Abtragung der äußeren Steinschichten ihre Botschaft vermitteln kann. Weshalb genießt sie also erst jetzt, nach Vorbereitungen seit 1850, unser volles Interesse? Weil wir, oder manche unter uns, sich aus der materiellen Tiefe unseres Daseins, in der wir uns befinden, erheben und weil wir zunächst diese Tiefe erreichen mußten, um uns aus ihr erheben zu können.

Dies hat sich über Hunderte, Tausende von Jahren hinweg abgespielt, aber *jetzt* sind wir an einem Wendepunkt angelangt. Auch dieser Wendepunkt wird von der Pyramide angegeben. Und jetzt wird es richtig interessant und spannend! Davidson geht weiter. Der Nachlaß an wissenschaftlichen und astronomischen Daten ist zwar sehr aufschlußreich, aber das Innere der Pyramide vermag uns mehr über deren geistige Bedeutung zu erzählen. Taylor und Smyth haben damals bereits vermutet, daß in dem Gänge-System eine chronologische Skala mit Zeiteinheiten verborgen sein würde.

Davidson arbeitete diesen Aspekt weiter aus. Er verlängerte die Linie der Decke des aufsteigenden Ganges und gelangte an einen Punkt, an dem die Verlängerung der Pyramiden-Schrägseite diese Linie schneidet. Von da aus zog er eine Senkrechte auf die gedachte Verlängerung des aufsteigenden Gang-Bodens und erhielt dabei einen Punkt, den er auf den 22. September des Jahres 4.000 vor Christi Geburt datierte. Er nannte diese Linie die historische Zeitskala.

Er unterteilt diese Linie in Abständen von 1 P-Inch für jedes Jahr und liest ab, was sich daraus ergibt. Die Länge der historischen Skala mißt etwa 6.000 Jahre. Ich bin mir der Tatsache bewußt, daß beim erstmaligen Lesen das Folgende recht schwer zu verstehen sein wird. Dennoch möchte ich den Leser bitten, sich die Mühe zu machen, den folgenden Abschnitt einige Male zu lesen.

Der Zeitpunkt 4.000 vor Christi Geburt ist, wie aufgrund von Daten aus dem alten Testament angenommen wird, der Anfang der menschlichen Geschichte. Der Punkt, an dem der absteigende Gang diese Zeitskala schneidet, ist 2.513 P-Inches vom Anfangspunkt entfernt.

Haben damals für Menschen besondere Voraussetzungen vorgelegen?

Tatsächlich wurde zu dem sich daraus ergebenden Zeitpunkt das Volk *Israel* zum auserkorenen Volk. Es wurde berufen, aus Ägypten auszuziehen in ein neues Land, das ihm verheißen wurde, um dort als Vorbild für die anderen Völker zu leben.

Die Geschichte der 12 Stämme Israels hat dann zwar einen anderen Lauf genommen, als vorherbestimmt war, aber darauf können wir an dieser Stelle nicht näher eingehen.

Die Länge der Galeriedecke beträgt 12 x 153 P-Inches. In der Erzählung vom wundersamen Fischfang des Petrus ist die Rede von 153 Fischen, die er in seinem Netz fing, wobei Jesus sprach: „Ich werde euch zu Menschenfischern machen!“. 12 Apostel, die jeweils 153 Menschen symbolisch fischen müssen, das heißt, Ihnen das Evangelium nahe bringen. Davidson sieht deshalb in der Galerie die Zeit der Verbreitung des Evangeliums.

Über die Endzeit ist viel geschrieben worden. So sagt unter anderem der Evangelist Matthäus in 24: 3-14: „Das Evangelium wird auf der ganzen Welt gepredigt als Bekenntnis aller Völker und dann wird das Ende gekommen sein“.

Nach der Galerie (nach der Zeit der Verbreitung des Evangeliums) kommt eine Schwelle, woran sich ein kleiner Gang zur Vorkammer anschließt. Nach Davidson deutet der Anfang des Ganges auf den 4. August 1914, den Tag, an dem das Ultimatum gegen Deutschland ablief.

Von hier an rechnet er mit einem anderen Zeitmaß, 1 P-Ich = 30 Tage. Dementsprechend gelangt er am Ende des Ganges zum „November 1918“, dem Ende des ersten Weltkrieges.

Bereits im Jahre 1922 sagte Davidson voraus, daß am 29. Mai 1928, dem Tag, der durch das Ende der Vorkammer dargestellt wird, eine schwere Katastrophe über die Menschheit kommen würde.

Zu diesem Zeitpunkt setzte ein gewaltiges finanzielles Debakel ein, das die große Wirtschaftskrise einleiten sollte. Wenn wir uns überlegen, was sich seit 1940 in der Welt alles abgespielt hat,

Querschnitt der oberen Gänge und Kammern

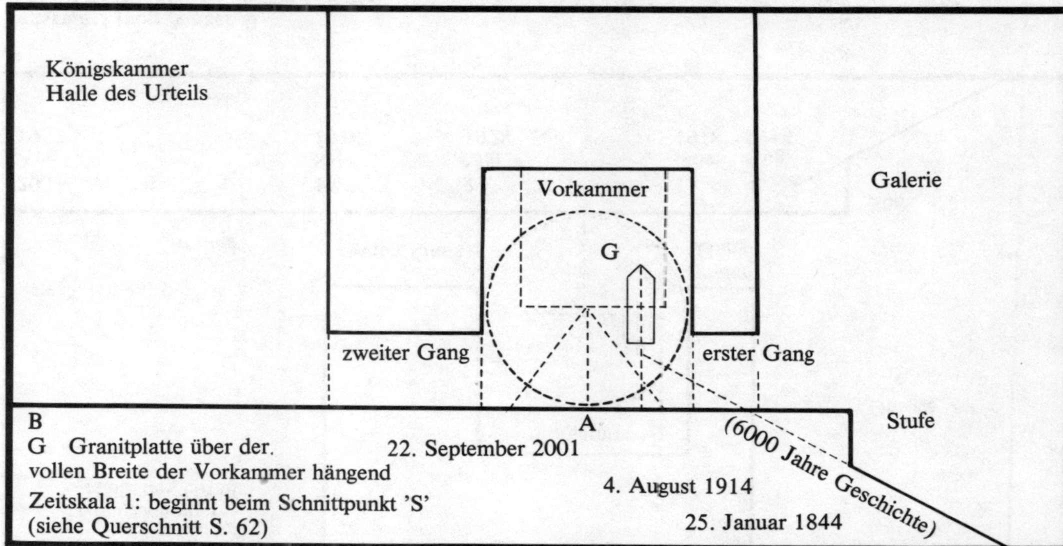

Abstand von A nach B = 365,24 P.-Inches. Der Umfang des Kreises gleichfalls 365,24 P.-Inches.
Der Halbmesser des Kreises beträgt 58,13 P.-Inches, der Abstand vom Sarkophag zur Süd-, West- und Nordwand.
Die Fläche des Bodens der Königskammer beträgt genau das achtfache des Kreises.

Querschnitt der oberen Gänge und Kammern

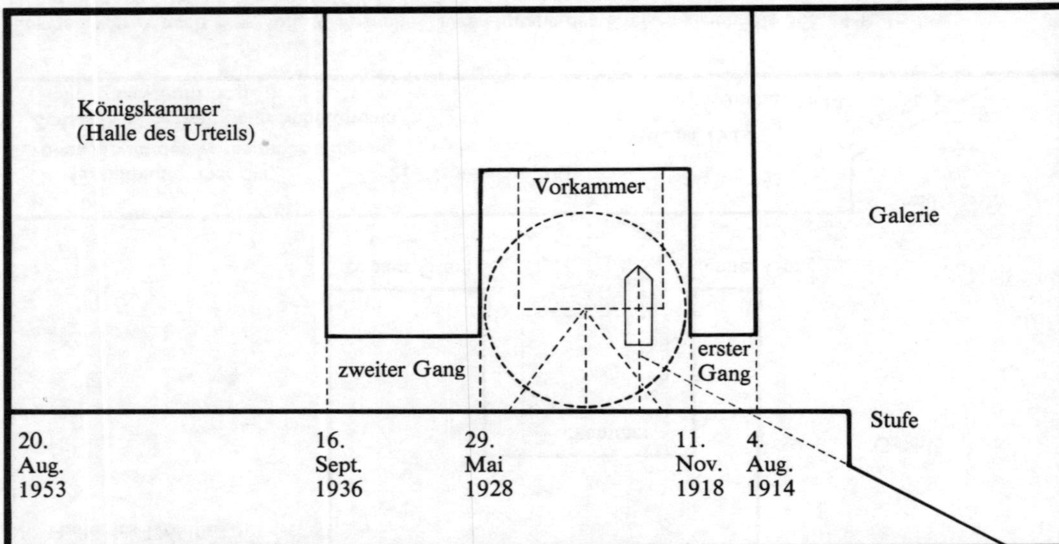

Zeitskala 3 (von A nach B),
wobei A (das Ende der großen Galerie)
den Anfang der „Zeit des Endes" darstellt.

so muß man zugeben, daß zu jeder Zeit irgendwo ein Krieg geherrscht hat und Naturkatastrophen keine Ausnahme mehr bilden. Dies könnte möglicherweise mit dem Text: „Ihr werdet von Kriegen hören und von Gerüchten über Kriege, Volk wird sich gegen Volk erheben und Königreich gegen Königreich und es wird Hungersnot und Erdbeben geben ..." zusammenhängen.

Wir brauchen nur den Fernseher einzuschalten um zu sehen, wie treffend der Vergleich mit der Zeit, in der wir jetzt leben, aufgeht.

Die Meister der Pyramide haben sowohl die Sintflut, als auch unsere chaotische Zeit vorhergesehen. Und dennoch bin ich davon überzeugt, daß die Bedingungen, unter denen wir leben, Ausdruck unseres eigenen Inneren sind und wenn wir dieses Innere ein wenig aufpolierten, könnten wir auch die Lebensbedingungen ändern.

Was ist mit der *Spitze* geschehen?

Erinnern Sie sich an den Fehler der Erbauer, die die Spitze nicht mehr anbringen konnten. Auch hier steht in dem Text von Jesus: „Ich bin der Eckstein, den die Erbauer verworfen haben".

Dies steht symbolisch für die Tatsache, daß, wenn wir ohne die Botschaft Christi, die Botschaft der Liebe für den Mitmenschen, eine Herrschaft begründen, diese Gesellschaft unvollkommen und deshalb zum Untergang verdammt sein wird. Wenn wir uns auf die Materie beschränken, ohne ihren geistigen Ursprung anzuerkennen, so bewegen wir uns geradewegs auf die Katastrophe zu.

Man muß kein Mitglied einer Kirche oder einer religiösen Sekte sein um das zu verstehen. Wenn jeder Mensch entsprechend den Anschauungen und Botschaften Buddhas und Christi lebte, hätte die Welt ein vollkommen anderes Aussehen.

Gäbe es wirkliche Liebe und Einsicht von Mensch zu Mensch, von Mensch zu Tier, von Mensch zu Pflanze, dann könnten wir in wirklicher Harmonie leben, der *Harmonie* des Kosmos, befreit vom Streß, von Ängsten, Krankheiten, die die Folge der Ich-Sucht, Hab-Gier und aller anderen Süchte sind.

Es ist nie zu spät. Noch haben wir Zeit zur Einsicht zu gelangen. Wir können heute noch darüber nachdenken und damit anfangen.

Phil Bosmans, vom Bond Zonder Naam (Bund ohne Namen) hat das sehr schön ausgedrückt: „Verbessere die Welt, fang' bei die selber an!". Man sollte jedoch nicht beim schönen Körper, der herrlichen Ansammlung von Atomen verweilen, sondern die eigene Seele und den eigenen Geist entdecken.

Es könnte durchaus sein, daß dies der Geist der Pyramide ist, der sich riesenhoch über seinen so herrlichen Körper erhebt. Baue an Deinem Leben mit Christus, der Rest folgt von selbst.

Etwas über die Energie der Pyramide

Bislang haben wir den stofflichen Aspekt, das heißt die Steine, die Formen und den geistigen Aspekt erörtert; wir haben die Seele, den ätherisch-astralen Aspekt jedoch ausgelassen.

Doch wie der Mensch, so besteht auch die Pyramide aus Stoff, Seele und Geist. Dies ist logisch, da die Pyramide in allen ihren Aspekten eine Widerspiegelung der Menschheit und des Menschen ist.

Diese drei Dimensionen lassen sich in allen Dingen der Natur oder in den Erscheinungsformen des Menschen wiederfinden.

Nehmen wir zum Beispiel eine Armbewegung; beide Arme gehen von Hüfthöhe zu Schulterhöhe.

Erste Dimension: die stoffliche Bewegung, die in Zentimetern und Geschwindigkeit ausgedrückt wird.

Zweite Dimension: die Energie, Nervenimpulse und Energie der Myofibrillen, um den Muskel zusammenzuziehen. Diese Energie ist meßbar, man sieht sie jedoch nicht, man nimmt lediglich die Folgen und die Bewegung wahr.

Dritte Dimension: das Ziel, der Geist und Sinn der Bewegung, die Botschaft, ist, jemanden schlagen oder vielleicht liebkosen zu wollen.

Alle drei Aspekte bilden das Ganze, das eine kommt nicht ohne das andere aus. Meiner Ansicht nach ist die dritte Dimension der wichtigste Aspekt und letztendlich liegt diesem der Ursprung der Bewegung zugrunde.

Gleichermaßen verhält es sich mit dem Menschen, auch sein Ursprung ist geistiger Art.

Das gilt auch für die Pyramide; der Geist, die Botschaft, ist das Wichtigste, die übrigen Dimensionen sind Hilfsmittel, das Geistige zum Ausdruck zu bringen.

Pyramidenenergie oder der ätherisch-astrale Aspekt der Pyramide.

Soweit mir bekannt ist, hat man diese seltsame Form der Energie zum ersten Mal während des Krieges wahrgenommen. Als die Messerschmidt-Flugzeuge im Tiefflug über die Pyramiden flogen, wurde die Funktion ihrer Bordinstrumente gestört.

Jetzt dürfen die Linienflugzeuge aus kulturellen Erwägungen und aus Angst vor Beschädigung (!) nicht mehr über sie hinweg fliegen. Das Phänomen hat meines Wissens jedoch noch niemanden dazu veranlaßt, eine Untersuchung anzustellen. Man war offenbar zu sehr mit der Kriegsführung beschäftigt.

Wir mußten auf den Franzosen Antoine Bovis warten. Er ist der Mann, der bei einem Phänomen verweilte, an dem Zehntausende buchstäblich vorübergegangen waren.

Er fand in der königlichen Grabkammer tote Ratten, Mäuse und andere Kleintiere, die nicht verwest waren. Und dies, obwohl die königliche Grabkammer feucht und dunkel ist, und mit einer Temperatur von etwa 20 Grad Celsius einen idealen Nährboden für Verwesung darstellt. Antoine Bovis, der eigentlich Wünschelrutengänger war, begann sich hierüber Gedanken zu machen. Intuitiv spürte er, daß dieses Phänomen irgendwie mit der Pyramidenform als solcher zusammenhängen müsse. Vom Urlaub nach Hause zurückgekehrt, fertigte er ein genaues, maßstabgerechtes Modell der Cheops-Pyramide an. Er richtete die Pyramide mit einer der Grundseiten so genau wie irgend möglich nach der Nord-Süd-Achse aus und legte eine tote Katze in 1/3 der Höhe unter sie.

Seine Mühe wurde belohnt. Die Katze wies keine einzige Spur von Verwesung auf, verbreitete keinen Geruch und blieb vollkommen unversehrt, als wäre sie mumifiziert worden. Man kann sich die Begeisterung des Mannes vorstellen.

Diese Begeisterung wird jeden ergreifen, der den ersten gelungenen Versuch mit Pyramidenenergie durchgeführt hat.

Von seinem Enthusiasmus angesteckt, fingen auch andere zu experimentieren an, mit dem gleichen Erfolg. Antoine Bovis veröffentlichte seine Befunde in einer Zeitschrift für Pendler und Wünschelrutengänger und so kam das Ganze ins Rollen. Der Rundfunktechnik-Ingenieur, Karl Derbal, ein Pionier auf dem Gebiet des Rundfunks und des Fernsehens, der sich auf Rundfunkwellen spezialisiert hatte, bekam eine solche Veröffentlichung in die Hände und fing daraufhin an, die Eigenarten der Pyramide zu untersuchen.

Er entwickelte eine Theorie, nach der in der Pyramide eine Konzentration von kosmischen Energien stattfinden müsse und ging von der Annahme aus, daß dies zum Beispiel auf die Schärfe einer Rasierklinge Einfluß haben könnte.

Man versuche sich dies einmal vorzustellen: Er dachte zunächst – und wollte dies nachweisen –, daß eine Rasierklinge unter dem Einfluß dieser Strahlen stumpf werden würde.

Theorien müssen sich in der Praxis bestätigen. Deshalb baute er sich ein kleines maßstabgerechtes Modell. Er legte eine neue Rasierklinge unter die Pyramide, in einer Höhe, die von der Basis aus betrachtet, 1/3 der Gesamthöhe betrug, da sich an dieser Stelle das größte Kraftfeld entwickelt.

24 Stunden später nahm er die Rasierklinge und versuchte sich zu rasieren. Zu seiner großen Enttäuschung war die Klinge noch scharf. Er ließ sich jedoch nicht entmutigen und legte sie nochmals unter die Pyramide. Zu seiner größten Verwunderung blieb die Schnittfläche scharf. Tagtäglich wurde sein Erstaunen größer, da er sich nach wie vor mit der Klinge rasieren konnte.

Nachdem er sich jeden Tag mit der Klinge den Bart abgenommen hatte, wurde die Klinge nach etwa 60 Rasuren stumpf.

Er wiederholte den Versuch und kam sogar auf 100-200 Rasuren. In jener Zeit, im Jahr 1948, waren Rasierklingen in seinem

Land Mangelware und seine Freunde drängten ihn, er solle dieses höchst seltsame Modell und Phänomen als Patent anmelden.

Mehr zum Spaß stellte er einen Antrag auf Patentierung, doch dauerte es von 1949 bis 1959, bis er das Patent unter der Nr. 91304 erhielt.

Weshalb hat dies solange gedauert?

Aufgrund gesetzlicher Bestimmungen in der Tschechoslowakei reicht es nicht aus, wenn man nachweist, daß etwas funktioniert, sondern man muß ebenfalls eine technische Erklärung für das Funktionieren geben.

Die Wirkung wurde dem Patentamt eindeutig nachgewiesen. Nicht zuletzt dadurch, daß einige Mitglieder der Patentkommission, einschließlich des Vorsitzenden, durch Anwendung des zu patentierenden Verfahrens mit lediglich 2-3 Rasierklingen pro Jahr auskamen. Schließlich ist es Karl Derbal gelungen, doch noch mit einer akzeptablen Hypothese aufzuwarten.

Durch seine Tätigkeit im Institut für Hochfrequenztechnik hatte er Zugang zu sämtlicher wissenschaftlicher Literatur über Mikrowellen, kosmische Strahlen und Erdstrahlen.

Guter Qualitätsstahl verfügt über eine gewisse Elastizität die dazu dient, vorübergehende Verformungen aufzuheben und den ursprünglichen Zustand wieder herzustellen. Ein Beispiel: Legt man eine einmal benutzte Klinge für ein bis zwei Monate beiseite, gewinnt sie ihre ursprüngliche Schärfe zurück. Der Pyramiden-Hohlraum, der ein Resonanz-Hohlraum für die verschiedensten Strahlungen ist, beschleunigt diesen Prozess auf 24 Stunden.

Die in der Pyramide vorhandene Energie ist weiterhin in der Lage, die im Metall vorhandenen Wassermoleküle diesem zu entziehen, indem sie deren Eigenrotation erhöht. Auf diese Weise wird Wasser selbst aus kleinsten Hohlräumen entfernt. Die hierzu notwendige Energie ist gering und beträgt nur 1,6 x 10-19 W/sec. Der Pyramidenhohlraum vermag wesentlich mehr als diese Energie zu produzieren. Andererseits ist die Pyramidenenergie anfällig für Störungen durch ein Magnetfeld, die durch elektrische Geräte wie zum Beispiel einem Fernsehgerät erzeugt werden. Auch größere Eisenmassen können eine Störung verursachen.

Unter anderem sind hier zwei Kräfte zu nennen:

1. die eine schnelle Dehydrierung bewirkende,
2. die auf die Mikrostruktur von Organismen einwirkende.

Sterilisierung oder Abtötung von Mikroorganismen und Regenerierung von Stahl seien zwei Beispiele.

Pyramiden mit anderen Winkeln oder anderer Struktur, wie etwa mit einer Kuppel, erzeugen ebenfalls Energie. Das Modell der Cheops-Pyramide scheint jedoch die größte Wirkung zu haben. Durch die schnelle Dehydrierung können sogar Kleintiere getötet werden.

Dieser Effekt wird nur erreicht, wenn es zu einer Bündelung der Energie aus dem Kosmos kommt, die vom Erdmagnetismus angezogen wird. Die Pyramide muß auf der richtigen Nord-Süd-Achse stehen, da die magnetischen Felder die gleiche Ausrichtung haben.

Derbal legt seine Klingen mit der Schnittfläche in Nord-Süd-Richtung. Ich selbst legte bei meinen Versuchen die Klingen in Ost-West-Richtung, werde aber demnächst auch die Nord-Süd-Lage ausprobieren, um den Unterschied feststellen zu können. Zum Zeitpunkt der Niederschrift dieses Kapitels habe ich mich bereits zum 210ten Mal mit derselben Klinge rasiert, die ich einer Pyramiden-Behandlung unterzogen habe. Ich verwende hierzu eine Kegelpyramide, die den Vorteil hat, nicht ausgerichtet werden zu müssen, da sie unendlich viele Seitenflächen aufweist.

Untersuchungen in der Pyramide selbst

Der Mensch ist nach wie vor ein materialistischer Schatzjäger und wird weiterhin daran glauben, daß hier und da ein gewaltiges Vermögen verschüttet liegt. In einer Zeit, in der Komfort eine große Rolle spielt, ist die Jagd nach Schätzen sehr einfach und mit Lotto oder Klassenlotterie zu vergleichen. Man glaubt auch immer noch, daß es in Ägyptens Pyramiden unentdeckte, verborgene Räume gibt. Um dies endlich definitiv feststellen zu können, startete im Jahr 1968 Dr. Louis Alvarez ein großes Projekt.

Er entwickelte ein Meßinstrument, das kosmische Strahlen einfangen konnte. Er ging in seiner Theorie davon aus, daß kosmische Strahlen bei Durchdringung eines Materials, unabhängig von dessen Stärke, an Energie verlieren. Er wollte sein Meßinstrument in die Pyramide stellen und die Stärke dieser Strahlen messen. Sollte es also irgendwo einen verborgenen Raum geben, so könnte er anhand der Intensität der gemessenen Strahlung ermitteln, wo sich dieser Raum befindet.

Wenn es sich um verborgene Schätze handelt, läßt sich offenbar immer Geld auftreiben, denn Mitte 1968 konnte dieses Millionenprojekt gestartet werden.

Eine Gruppe von Wissenschaftlern, Angehörige von 12 verschiedenen Institutionen aus den Vereinigten Staaten und den Vereinigten Arabischen Emiraten, ging an die Arbeit. Millionen kosmischer Strahlenbündel wurden gemessen, die deutlich alle Formen und Stellen der Pyramide angaben. Das Team hatte als erste die Pyramide von Cephren ausgewählt.

Unter Leitung von Dr. Amr. Goneid aus Kairo wurden die Bänder in einem IBM 1130-Computer analysiert. Es wurde keine Geheimkammer entdeckt, allerdings kam etwas anderes ans Tageslicht: jedesmal, wenn die Bänder in der Ein-Sham-Universität von Kairo analysiert wurden, zeigte sich ein anderes Muster der Daten, deren Abweichung schon bei früheren Analysen hätte bemerkt werden müssen.

Um sich vollkommen zu vergewissern, wurden die Bänder nach Berkeley, Kalifornien geschickt, wo man einen noch spezialisierteren Computer mit diesem seltsamen Phänomen konfrontierte. Dr. Goneid erklärte dazu, der Vorgang sei wissenschaftlich nicht zu erklären und an sich vollkommen unmöglich. Er stellte fest, daß in der Pyramide Kräfte vorhanden sind, die sich einen Spaß erlauben mit dem, was bislang als gesicherte wissenschaftliche Erkenntnis galt.

Das Team hat die Arbeit dann auch nicht in der Cheops-Pyramide fortgesetzt, sondern die Untersuchungen wurden abgebrochen. Damit wird noch einmal eindeutig dokumentiert, daß unsere gegenwärtige Gesellschaft sich immer noch nicht darüber im Klaren ist, daß der größte Schatz der Pyramide, oder wo auch immer, geistiger Natur ist. Diese Weisheit wird uns in den schönen Kindermärchen ebenfalls vor Augen geführt, wie zum Beispiel in dem Märchen von Frau Holle. Das möchte ich Ihnen jetzt kurz erzählen:

„Die arme, hart arbeitende Stieftochter fällt in einen Wasserbrunnen und landet auf einer Wiese. Dort tritt sie in den Dienst von Frau Holle und erledigt selbstlos und liebevoll allerlei Arbeiten. Nach 7 Jahren möchte sie zurück und wird zum Dank mit Gold überhäuft. Selbstverständlich wird sie von der goldgierigen Stiefmutter gut empfangen. Die ist der Meinung, jetzt nun ihre eigene Tochter losschicken zu müssen, damit auch sie mit Gold überschüttet würde. Sie landet in dem Brunnen, ist jedoch zu faul, auch nur einen Finger krumm zu machen, und bei ihrer Rückkehr wird sie zum großen Ärger ihrer Mutter mit Pech übergossen."

In diesem Märchen wird die Liebe mit geistigem Gold belohnt. Die Begierde nach dem materiellen Gold wird mit einem Fehlschlag bestraft.

In der Geschichte der Pyramide findet man dieses Motiv ebenfalls wieder.

Außer Dr. Louis Alvarez hat sich noch ein weiterer Forscher zu der Pyramide begeben. Jedoch nicht mit der Absicht, die verborgene „Schatz“-Kammer ausfindig zu machen, sondern um den geistigen Hintergrund, die Botschaft der Pyramide zu ergründen.

Durch einen Zufall besuchte mich jemand zu Hause, der einen Tag mit Paul Brunton verbracht hatte. Sir Francis Younghusband beschreibt Paul Brunton als eine geistig außerordentlich hochstehende Persönlichkeit mit einer vertieften Einsicht in die fernöstliche Weisheit und in die kosmische Entwicklung. Er bezeichnet ihn als eine der führenden Persönlichkeiten der Yoga-Philosophie in der westlichen Welt, der sich jahrelang der wissenschaftlichen Erforschung der alten mystischen Übungen und der philosophischen Erkenntnis widmete, um sie uns auf gemäßigte und verständliche Art und Weise übermitteln zu können.

Paul Brunton hat sich auf die Suche nach dem Warum der Pyramide gemacht, und er berichtet in diesem Zusammenhang, was er auch in einem seiner Bücher mit dem Titel: „Geheimes Ägypten“ niedergeschrieben hat.

Um wirklich erfahren zu können, was die Pyramide in sich verbarg, ließ er sich auf eigene Verantwortung eine Nacht lang in die königliche Grabkammer einsperren.

Er erzählte, daß er seinen Geist so leer wie möglich machen mußte, um alle Eindrücke aufs schärfste in sich aufnehmen zu können. Sein Yoga-Training leistete ihm dabei gute Dienste. Am Anfang war die Stille sehr bedrückend und neben dem offenen Sarkophag sitzend wartete er ruhig ab, was ihm diese Nacht an Erfahrung bringen würde.

Er konzentrierte sich voll auf sein Inneres und allmählich spürte er, daß eine Art Seligkeit auf ihn zukam. In dieser dunklen Kammer, ohne jede Spur von Licht, fingen Schatten an, sich wild hin und her zu bewegen. Bilder von bösartigen Gesichtern drängten sich ihm auf. Er fühlte sich von feindlichen Gestalten umgeben, die ihn, wie es schien, aus dem Heiligtum der königlichen Grabkammer vertreiben wollten. Er sei sogar nahe daran gewesen, die Flucht zu ergreifen, so stark wurde sein Widerwille gegen das, was ihn umgab. Und dann trat plötzlich eine Veränderung in der Atmosphäre ein, die Feindseligkeit wich, so wie sie gekommen war.

Nach einer gewissen Zeit wurde er sich einer neuen Erscheinung bewußt, einer neuen Gegenwart mit einer wohltuenden Ausstrahlung. Eine zweite Gestalt näherte sich ihm. Er erkannte sie als zwei Hohe Priester in weißen Gewändern, deren Lichtausstrahlung die königliche Grabkammer erleuchtete. Eine der Gestalten sprach ihn an und fragte ihn, wieso er die geistigen Kräfte aufrufen wolle.

Er empfand dies als etwas Unbeschreibliches, obwohl er die Stimmen nicht akustisch wahrnahm, so hörte er und verstand sie in seinem Inneren.

Die Stimme riet ihm wegzugehen. Im Altertum seien andere, wahnsinnig geworden, aus der königlichen Grabkammer zurückgekehrt. Brunton antwortete ihnen, daß er bleiben wolle.

Sie erklärten ihm, er würde an den Ort geführt werden, an dem die Lehre verkündet wird. Er möge sich bitte auf dem Stein ausstrecken. Er beschrieb, er hatte das Gefühl, langsam zu sterben und sei dann plötzlich von seinem Körper befreit worden.

Dies ist vermutlich das, was man als Hinaustreten aus dem stofflichen Körper bezeichnet.

Ein Arzt schrieb ein Buch über dieses Thema, nach Befragung von Hunderten von Patienten, die einen klinischen Tod und dann Wiederbelebung erfahren hatten.

Brunton erzählt weiter, er habe sich selbst dort liegen sehen und fühlte sich hinwegschweben. Es war ihm bewußt, daß sein Körper entseelt und seine Seele befreit war. Daraufhin erhielt er Botschaften von einem der Priester.

„Der Mensch, der einen sterblichen Körper besitzt, aber eine unsterbliche Seele, wird nie vergehen.“

Als Brunton nach dem Geheimnis der Pyramide fragte, erhielt er zur Antwort: „Es tut nichts zu Sache, ob Du das Geheimnis der Pyramide entdeckst oder nicht. Suche den geheimen Pfad in Deinem Geist, der Dich zu dem Verborgenen in Deiner Seele führen wird und dort wirst Du den größten Schatz vorfinden.

Das Geheimnis der Pyramide ist das Geheimnis Deines eigenen Wesens. Die Botschaft der Pyramide ist, daß die Menschen in ihrer Seele die größte Geisteskraft entdecken sollen."

Die Wahrheit, die Paul Brunton entgegengehalten wurde, erinnert mich an das bereits früher erwähnte Buch von Baird Spalding. „Die Meister des Fernen Ostens", ein Buch, das sich lohnt, gelesen zu werden. Einer Gruppe amerikanischer Archäologen wird demonstriert, daß jeder Mensch in sich die Kraft hat, die Materie zu beherrschen. In jedem Menschen ist die Kraft Christi vorhanden und wir können sie verwenden, wie Christus selbst sie verwandt hat. Nur müssen wir uns dem Geistigen öffnen. Auch in diesem Fall trifft die Analogie zur Pyramide zu.

Sie muß die richtige Form, die genauen Abmessungen haben und nach Norden ausgerichtet sein, wenn die Energie wirksam werden soll.

Das gleiche geschieht mit dem Menschen. Der Mensch muß seinen Körper reinigen, gesunde Nahrung zu sich nehmen, richtig atmen und sich auf das Geistige, auf die Botschaft Christi konzentrieren. Macht er dies, so strömt die geistige Energie von selbst auf ihn herab und er kann sie seinerseits auch wieder ausstrahlen.

Nachdem das Manuskript für dieses Buch dem Verleger bereits übergeben worden war, bekam ich von ihm ein Buch von Benjamin Creme geschenkt: „Die Wiederkehr Christi und die Meister der Weisheit". Es stand etwas Merkwürdiges über die große Pyramide darin und ich habe mich beeilt, dies noch kurz mit aufzunehmen. Creme hat den Auftrag erhalten, ein Gerät zu bauen, das stereometrische Energieformen ausstrahlen konnte. Unter anderem sollte es dazu dienen, Menschen zu heilen.

Unter Hinweis auf die stereometrische Form der großen Cheops-Pyramide berichtet er weiterhin, daß diese ihre Kraft aus ihrer Form herleitet und Energien aus den ätherischen und astralen Bereichen anziehen kann. Diese Energien sollten an die Bewohner einer großen Stadt weitergeleitet werden, die heute unter Sand bei der Pyramide und der Sphinx verborgen liegt.

Er berichtet weiter in seinem Buch von den großen Meistern, aufgrund deren Anweisung diese Stadt wieder ausgegraben werden soll. Hierdurch soll ein weiterer Beweis dafür geliefert werden, über welche außerordentliche Kenntnisse die Meister verfügten.

Weiterhin zieht er eine interessante Parallele zwischen dem Menschen und der Erde, in der selben Art und Weise, wie ich dies in einem früheren Teil dieses Buches bereits gemacht habe. Creme erzählt, der Mensch, der zuviel Energie an bestimmten Punkten seines Körpers festhält und nicht an den restlichen Körper weiterleitet, mache sich selbst krank.

In der Akupunktur stellt man diese Blockierungen fest und versucht, die Durchströmung wieder herzustellen.

Das gleiche geschieht zur Zeit in größerem Maßstab mit unserer Weltorganisation. Der Westen blockiert dermaßen viel Energie und Nahrung, daß eine ganze Reihe von Entwicklungsländern mit einem Mangel zu kämpfen hat. Hierdurch ist die ganze Welt voller Spannungen, Tod und Krankheiten. Die einzige Lösung wäre eine regelmäßige Verteilung von Energie und Nahrung über die ganze Welt. Diese Neuverteilung wird seiner Ansicht nach von den Meistern in weltumspannendem Rahmen vorbereitet.

Experimente mit der Materie

So, wie sich die Pyramide auf drei Ebenen beschreiben läßt, begegnet man diesen selbstverständlich auch in den Wirkungen ihrer Energien. Die Pyramidenenergie ist wirksam auf der stofflichen Ebene, auf der ätherischen und astralen Ebene, sowie auf der mentalen Ebene. Mit anderen Worten: bei Veränderungen im Stoff, auf dem Gebiet der Schmerzen, auf der Ebene der Meditation, Telepathie und anderen Phänomenen, die im geistigen Bereich anzusiedeln sind.

Auf jeden Fall ist es außergewöhnlich fesselnd, sich mit diesen Experimenten zu beschäftigen.

Für mich trifft das uneingeschränkt zu. Ich war auf mich selbst angewiesen, als ich damit anfing. Meine Skepsis war demnach vielleicht sogar noch größer als die des Lesers. Inzwischen ist bereits viel darüber publiziert und in Rundfunk und Fernsehen verbreitet worden.

Meine ersten Versuche waren ein absoluter Fehlschlag, da meine erste Pyramide nicht in den richtigen Proportionen angefertigt wurde, und ich sie nicht präzise ausgerichtet hatte.

Einen weiteren Faktor hatte ich ebenfalls übersehen. Die ersten Versuche wurden ein Jahr lang in meinem Büro durchgeführt. Ein Stockwerk tiefer standen Maschinen und es ist anzunehmen, daß die Pyramide durch deren Energie beeinflußt wurde.

Diese Faktoren übersieht man als unwissender Anfänger nur allzu leicht.

Mein erster Test war der Versuch, stumpfe Rasierklingen wieder scharf zu machen. Der Mißerfolg war nach einem Jahr komplett. Daraufhin nahm ich die Pyramide mit nach Hause, um mit der Mumifizierung von Fleisch zu experimentieren. Wir hatten uns eben einen jungen Hund zugelegt, der zwar nicht gerade an der Botschaft der Pyramide interessiert war, wohl aber an dem Fleisch. Er verschlang die halbe Pyramide, um an das Fleisch heranzukommen. Hinterher begriff ich, daß dies so hatte geschehen müssen, da ich zu jener Zeit über nicht genügend Einsicht in das ganze Pyramiden-Geschehen verfügte. Ich hatte eine Art Inkubationszeit zu überstehen, um mir über den Umfang dessen klar zu werden, womit ich mich beschäftigte. So habe ich die Arbeiten eine Zeitlang ruhen lassen, bis ich wieder irgendwo einen Beitrag über die Pyramide zu lesen bekam.

Von neuem stimuliert, nahm ich Kontakt zu Etienne van der Kerkhove auf, der mir bereitwillig eine große Pyramide aus stabiler Pappe anfertigte.

Hinzufügen möchte ich, daß ich handwerklich recht ungeschickt bin und mich nicht in der Lage fühlte, selbst ein Exemplar anzufertigen.

Ich entschloß mich, mein erstes Experiment mit der Rasierklinge zu wiederholen, diesmal jedoch mit einer des Typs Twin, einer Doppel-Klinge. Sie wurde auf 1/3 der Gesamthöhe plaziert und mit der schmalen Seite ost-westlich ausgerichtet.

Auch hier machte ich den Fehler, den Norden direkt am Pyramidenstandplatz auszumessen. Zum Glück stellte sich hinterher heraus, daß die Abweichung nicht allzu groß war.

Experimente sollte man immer im Hinblick einer Kontrolle oder einer Meßbarkeit durchführen. Das Maß für mich war, daß ich mich 4-12 Tage mit einer Klinge dieses Typs rasieren konnte. Es gibt also durchaus eine recht große Variation, abhängig von der Qualität der Rasierklinge.

Nachdem alles ordentlich ausgemessen war, und ich die genau 1/3 der Pyramiden-Höhe ermittelt hatte, legte ich einige Bücher von Bres unter die Pyramide, um auf eben diese Höhe zu kommen, nämlich 13,33 cm. Die Höhe meiner Pyramide betrug 40 cm.

Die crsten 8 Tage gingen vorüber und die Spannung stieg. Jeden Morgen die Klinge herausnehmen und dann wieder ordentlich zurücklegen. Am 12. Tag gelangte ich an die Obergrenze meiner Norm. Am 13. Tag verlief alles noch reibungslos, aber eine außerordentlich gute Klinge hätte dies vielleicht auch geschafft; und dann folgte der 14., 15., 20. Tag und die Euphorie setzte allmählich ein im Sinne von: „Sollte es etwa doch wahr sein?“ Am 25. Tag bekommt man bereits eine größere Gewißheit, am 40 Tag weiß man es sicher, unglaublich aber wahr ... Ich habe so weitergemacht bis zum 110. Mal.

Ich kann dazu noch berichten, daß ich seither die nachfolgenden Ergebnisse hatte: 210 – 190 – 260. Später habe ich mit der Kegelpyramide angefangen zu experimentieren, wie im Vorausgegangenen bereits beschrieben.

Nach diesem ersten Experiment wächst auch ein Wille, sich mit diesem Phänomen weiter zu befassen und sich an die Untersuchung anderer Sachen zu wagen.

Ein Experiment mit Fleisch

Etwa 1 Jahr nach meinem ersten Versuch hatte mein Hund bereits eine gewisse Reife erreicht und aufgehört, alles, was nicht niet- und nagelfest war, zu zernagen. Ich nahm ein Stückchen Fleisch, schnitt es in 2 Stücke und legte das eine in 1/3 der Gesamthöhe, jeweils von der Grundfläche her gemessen.

Das andere Stückchen legte ich unter eine Pappschachtel neben der Pyramide.

Auch dies ist ein Fehler, denn die Wirkung der Pyramide kann eine Streubreite bis zu einigen Metern haben. Der Unterschied war nach einer gewissen Zeit jedoch deutlich genug. Das Stückchen unter der Pyramide vertrocknete, wurde etwas dunkler, behielt dennoch an bestimmten Stellen seine rote Farbe. Keine

Spur von Schimmel! Das Stückchen unter der Pappschachtel bekam eine graue Farbe mit grünen Spuren. Dennoch gab es keinen ausgesprochenen Fäulnisgeruch, wenngleich hie und da Schimmel auf dem Fleisch sichtbar wurde.

Hinterher habe ich irgendwo in einem Buch gelesen, daß ein begeisterter Amerikaner den gleichen Versuch in seinem Badezimmer machte, wo also große Temperatur- und Feuchtigkeitsschwankungen auftraten.

Das Stückchen Fleisch unter der Pyramide blieb vollkommen unversehrt, während das andere vollständig verfaulte. Er hat das Stückchen Fleisch unter der Pyramide sogar gegessen!

Versuche mit Gemüse-Samen

Wenn man Samen unter die Pyramide legt, so nehmen diese auch die Kraft, die Energie der Pyramide in sich auf und bieten als Ergebnis gesünderes Gemüse und schönere Pflanzen. Ich habe Samen von Radieschen 14 Tage lang der Energie ausgesetzt und sie anschließend entsprechend den kosmischen Prinzipien, wie schon beschrieben, gesät. Ich meine damit, daß ich den Stand des Mondes berücksichtigt habe. In der biologischen Landwirtschaft weiß man, daß sämtliche Flüssigkeiten und Säfte der Anziehungskraft des Mondes unterliegen. Vollmond hat die meiste Energie und seine Anziehungskraft ist dementsprechend am stärksten. Die Aussaat der Radieschen-Samen erfolgt kurz vor Vollmond. So wird in den folgenden Tagen des abnehmenden Mondes, die Keimkraft nicht nach oben gezogen, die Knolle kann sich entwickeln.

Die Ergebnisse waren verblüffend. Die Radieschen, die später kamen, waren fast doppelt so groß wie diejenigen, die ich zuvor aus der selben Tüte gesät hatte. Außerdem waren viele geplatzt, als hätten sie mit Kraft ihre Haut gesprengt. Man könnte sich vorstellen, daß die größeren Knollen innen mürbe gewesen wären, jedoch war dem nicht so. Das Fruchtfleisch war kräftig und schneeweiß, der Geschmack außerordentlich scharf.

Dies war der Anlaß eines witzigen Vorfalls. Wir hatten Bekannte zu Besuch und ich erzählte voll Stolz von meinem Experiment mit Radieschen. Das stieß natürlich auf die übliche Skepsis. Ich holte einige Knollen aus dem Gemüsegarten und einer der Skeptiker steckte sich ein großes Exemplar in den Mund, anstatt zuerst vorsichtig zu kosten. Zur großen Belustigung der Gesellschaft zeigte sich auf seinem Gesicht eine Mimik, als habe er eine heiße Kartoffel im Mund, so scharf war das Radieschen.

Hierzu muß ich wohl ergänzen, daß ich dem Versuch nicht ganz objektiv gegenüberstand. Ich hatte die übrigen Radieschen einen Monat früher ca. 2 m entfernt gesät. Es gibt demnach zwei variable Faktoren, die für das Ergebnis eine Rolle gespielt haben können: die Zeit und der Ort. Ich werde für mich allein diesen Versuch bestimmt noch einmal wiederholen. Die Versuche mit dem Wachstum von Pflanzen wurden in großem Rahmen an der Universität von San Jose, Kalifornien durchgeführt. Die Ergebnisse dieser Versuche wurden in Die Rose, dem offiziellen Mitteilungsblatt des Rosenkreuzerordens Amorc, veröffentlicht. Mit seiner Genehmigung werde ich hier einige Testergebnisse aufführen:

Es wurden 6 Versuchsreihen mit 6 Behältern zu jeweils 100 Samen des Luzerne-Rosenkohls durchgeführt.

Verglichen wurde jeweils ein Container mit 100 Samen,

1. über einer Pyramide mit einer Höhe von 47,5 cm
2. in einer Pyramide mit einer Höhe von 47,5 cm
3. über einer Schachtel mit dem gleichen Inhalt und aus dem gleichen Material
4. in einer Schachtel mit dem gleichen Inhalt und aus dem gleichen Material
5. ein Container mit Pyramiden-Wasser übergossen
6. ein Container mit normalem Wasser übergossen.

Die Ergebnisse zeigten, daß die Wachstumsgeschwindigkeiten in der Pyramide erheblich höher waren, als auf der Spitze der

Pyramide, oder wenn die Pflanzen lediglich mit Pyramiden-Wasser behandelt wurden. Diese 3 Züchtungen waren insgesamt erheblich besser entwickelt, als diejenigen, die sich in oder auf den Schachteln befanden bzw. mit normalem Wasser behandelt wurden.

Bei der Wasserbehandlung stieg das Wachstum des zweiten Behälters rasch auf das Doppelte der Kontrollpflanze an. Nach 5 Tagen ließ der Unterschied im Wachstum pro Tag nach.

Der Salatsamen

Hier habe ich es besser gemacht und 6 Pyramiden-Samen und normale Samen in Reihen nebeneinander gesät.

Mit diesem Versuch ließ sich kein signifikanter Unterschied in der Größe feststellen. Wohl schien der Pyramiden-Salat etwas stabiler zu sein und einen besseren Geschmack zu haben, aber dies ist zu subjektiv, um wirklich als Ergebnis gelten zu können.

Es wurde mir jedoch auf eine andere und sehr objektive Art und Weise bestätigt, daß dieser Salat außerordentlich gut war. Ich hatte viel zuviel Salat und ein Freund, Peter Vergouwen, hat einen Naturkostladen: „De Druide" in Ekeren, in dem er biologisch-dynamisches Gemüse verkauft. Meinen Überschuß habe ich ihm geliefert.

Er bekam ohne Fragen von verschiedenen Kunden die Mitteilung, daß dieser Salat erheblich besser sei, als der bisher verkaufte.

Wenn ich also das Rentenalter erreiche, weiß ich schon jetzt, womit ich meine magere Rente etwas aufstocken kann.

Pflanzen

Meine Erfahrungen mit Pflanzenwuchs sind außerordentlich positiv ausgefallen. Ich habe ein amerikanisches Modell einer

A

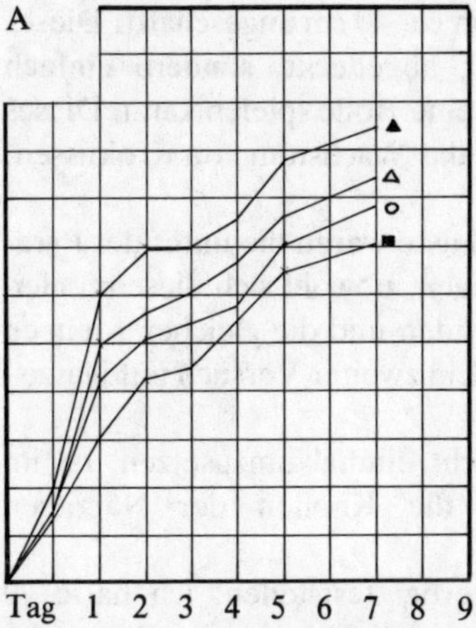

▲ in der Pyramide

△ auf der Spitze der Pyramide

○ mit Pyramidenenergie behandeltes Wasser

■ Durchschnitt für die Versuchspflanzen in und über den Kästchen

B

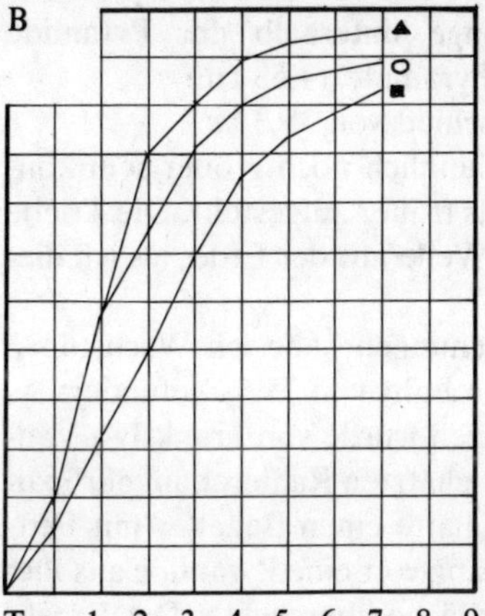

▲ in der Pyramide

△ auf der Spitze der Pyramide

○ mit Pyramidenenergie behandeltes Wasser

■ Durchschnitt für die Versuchspflanzen in und über den Kästchen

Übernommen aus „DE ROOS", offizielles Organ des Rosenkreuzerordens AMORC.

Wachstumskurven für Biosensoren bestehend aus hundert Luzernetrieben bei einer konstanten Temperatur von 25 Grad Celsius. Jeder Schnittpunkt bezeichnet den Durchschnittswert von sechs Proben (Anfangsgewicht minus dem Gewicht der Pflanze).

A Wassergaben am Anfang und am 4. Tag

B täglich Wassergaben

Rohrpyramide mit einer Höhe von ca. 40 cm angeschafft. Dieses Rohrsystem ist nicht mit Plastik abgedeckt, sondern einfach offen, so daß kein Wärmeeinfluß eine Rolle spielen kann. Dieses Rohrsystem wurde über eine, für das Wachstum von Krokussen, bestimmte Stelle gestellt.

Die allerersten blühenden Krokusse waren die unter der Pyramide, einige Woche vor den übrigen, obwohl sich diese im gleichen Abschnitt des Gartens befanden und die gleichen Mengen Sonnenbestrahlung abbekamen. Ein zweiter Versuch mit Narzissen hatte den gleichen Effekt.

Ich brauchte die Pyramide nicht einmal umzusetzen, da im gleichen Bodenabschnitt auch die Knollen der Narzissen gepflanzt worden waren.

Zwei Faktoren konnte ich hierbei feststellen: ich hatte 79 Pflanzen im selben Bereich stehen und 14 unter der Pyramide. Die durchschnittliche Stengellänge unterhalb der Pyramide betrug 19,64 cm, außerhalb der Pyramide 14,53 cm.

Das ergibt einen Längenunterschied von 35,3 %.

Der Unterschied hätte wahrscheinlich noch größer sein können, hätte ich die Pyramide bereits früher aufgestellt. Die Triebe ragten nämlich bereits seit einer Weile aus der Erde, als ich dieses Experiment begann.

In amerikanischen Veröffentlichungen habe ich Wachstumsunterschiede bis zu einem Durchschnitt von 75 % gefunden.

Ein anderer Versuch mit Pflanzen wurde von Frank-Ivo Vandamme, einem bekannten und geschätzten Radierer auf europäischem Niveau, durchgeführt. Er hatte einen Behälter mit Fettpflanzen. Über diesen Behälter hängte er eine Pyramide aus Plexiglas, die ungefähr 1/4 der Oberfläche überdeckte. Das Ergebnis war merkwürdig, da die Pflanzen unter der Strahlungsfläche der Pyramide mit Augenmaß geschätzt etwa um 3/4 größer waren, als die übrigen im gleichen Behälter.

Frank-Ivo zeigte mir vor kurzer Zeit eine weitere Besonderheit. Er hatte einen Dehydrierungsversuch mit 2 Tomaten durchgeführt, eine Tomate unter der Pyramide und eine andere unter einer Schachtel. Die Tomate unter der Schachtel verfaulte kurze Zeit später und war voller Schimmel. Die Tomate unter der Pyramide trocknete langsam aus. Er vergaß das Experiment jedoch und entdeckte 1 Jahr später, daß die Tomate noch immer unter der Pyramide lag. Das, was davon übrig geblieben war, hatte eine gelbe Farbe und war so groß wie eine Rosine.

Dehydrierung von Trauben

3 Trauben in einer Schachtel und 3 Trauben in der Pyramide. Am 7. 11. 1979 wogen die Trauben in der Schachtel 17 g. Am 5. 12. 1979 12 g. Gewichtsverlust von 29 %.

Im gleichen Zeitraum nahm das Gewicht der Trauben in der Pyramide von 20,5 g auf 12 g ab; das bedeutet einen Verlust von 42,5 % oder einen zusätzlichen Gewichtsverlust von 46 %. Am 3. Mai 1980 bemerkte ich ebenfalls, daß ich die Trauben vergessen hatte. Von den Trauben in der Schachtel war nur noch eine intakt und als Rosine genießbar.

Die 3 Trauben in der Pyramide hatten sich zu schönen Rosinen entwickelt.

Seltsam ist allerdings, daß ich in „Psychic Discoveries behind the Iron Curtain" von Sheila Oestrander und Lyn Schroeder eine Liste mit Angaben über den Gewichtsverlust eines Eies finde, der von 52 g auf 17 g sank, das bedeutet einen Gewichtsverlust von 66 %. Entweder sind die Bedingungen, unter denen ich meine Versuche in meinem Schlaf- und Badezimmer durchführe, mit von Einfluß auf die Ergebnisse, oder diese Leute übertreiben einfach maßlos. Ich werde diesen Versuch unter freiem Himmel nochmals wiederholen, damit alle nachteiligen Einflüsse beseitigt werden können.

Meine Ehrlichkeit zwingt mich jedoch dazu, nur meine tatsächlichen Ergebnisse niederzuschreiben, auch wenn sie sich mit den Ergebnissen von anderen nicht messen können.

In derselben Liste findet man:

ein Stück Rindermagen, 70 % Verlust nach 9 Tagen,
Luftröhre eines Schafes 50 % Verlust nach 6 Tagen,
ungesäuberter Fisch 71 % nach 13 Tagen,
Gehirn eines Schafes 75 % nach 45 Tagen.

Diese Experimente wurden von Mr. Martial durchgeführt. Man kann diese Versuche ruhig einmal selbst durchführen. Jedoch ist das Merkwürdige daran, daß niemals die gleichen Ergebnisse auftreten. Dies sollte einen aber nicht wundern, wenn man bedenkt, daß der Kosmos immer in Bewegung und den verschiedensten Störungen oder Veränderungen ausgesetzt ist, abhängig von den Beziehungen der Himmelskörper zueinander.

Dies ist der wissenschaftlichen Forschung nicht gerade förderlich, da man bei Versuchen unter gleichen Bedingungen auch gleiche oder nahezu identische Ergebnisse erwartet. Wiederum handelt es sich dabei um Modelle, geschaffen vom menschlichen Verstand, der die kosmische Umgebung nicht oder nur wenig berücksichtigt. Zum Beispiel kann es mit der Rasierklinge passieren, daß sie nach 40 Tagen eines morgens etwas stumpf wirkt, aber am nächsten Tag wieder messerscharf ist. Karl Derbal erklärte in diesem Zusammenhang, daß er atmosphärische Störungen über seine Klinge erfühlen könne – so vertraut ist er mit diesen Dingen geworden.

Versuche mit Süßigkeiten

Auch auf Süßigkeiten hat die Pyramidenenergie einen verfeinernden Einfluß. Ich hatte mich für Sunkist Jellies (Fruchtgummi) entschieden, die aus reinem Fruchtsaft der bekannten Sunkist Zitrusfrüchte aus Kalifornien hergestellt werden. Auch hier gilt die Regel, daß man am besten Produkte von guter Qualität nimmt.

Ich habe den Versuch mehrere Mal mit meiner Frau und meinen Kindern durchgeführt und bin mir darüber klar, daß sie kein vorurteilsfreies Publikum darstellen. Allerdings waren dies alles blinde Versuche und sie wußten nicht, welche Produkte unter der Pyramide gelegen hatten. Anläßlich des Besuches eines Reporters von „Panorama“ habe ich den Versuch wiederholt, mit dem gleichen Ergebnis. Der Geschmack wird durch die Pyramidenenergie verfeinert und die Schärfe der Fruchtsäure gemildert. Ohne Ausnahme werden die unter der Pyramide behandelten Jellies als feiner und mit ausgeprägterem Fruchtgeschmack bezeichnet.

Versuche mit biologischem Fruchtsaft

Ich verwendete dazu Beerensaft. Nach etwa 4 Stunden, die er unter der Pyramide gestanden hatte, war der Effekt bereits spürbar. Milder, weniger sauer und mit besserem Geschmack.

Staf Bierynckx, ein sehr guter und sachverständiger Radiästhesist, hat mich zu Hause aufgesucht, um die Pyramidenenergien mit dem Pendel zu messen. Seinen Messungen zufolge wurde der Fruchtsaft am besten mit der zusätzlichen Energie aufgeladen, wenn er in 2/3 der Gesamthöhe der Pyramide abgestellt wurde. Zur Zeit werden Geräte projektiert, die zwar noch nicht serienreif sind, mit Hilfe derer man diese Energien wahrnehmen kann. Damit wäre eine Messung der Energien an den verschiedenen Stellen der Pyramide möglich. Einigen Forschern zufolge, werden sich deutliche Unterschiede in der Energieverteilung zeigen. Darauf werde ich später noch zurückkommen.

Versuche mit Tiernahrung

Zur objektiveren Darstellung der Geschmacksversuche unternahm ich einen Versuch mit Hundefutter und zwar einer in Aluminium verpackten Hundewurst mit hervorragender Qualität. Sie ist in Belgien und in den Niederlanden unter dem Namen Hofdog auf dem Markt erhältlich. Sicher sind Sie mit mir einig,

Sunkist
with Pure Fruit Juice

daß ein Hund nur schwer zu beeinflussen ist, schon gar nicht, wenn er als Versuchskaninchen gebraucht wird. Lediglich eine mentale Beziehung könnte es zwischen meinem Hund und mir geben, jedoch habe ich versucht, diese soweit als möglich zu blockieren. Mein Hund ist ein Fox Terrier und diese sind für ihre Eigensinnigkeit und Sturheit bekannt. Er hätte sich wahrscheinlich auch nicht von meinen Impulsen stören lassen. Ich habe eine Wurst von 700 g genommen und sie in 2 Hälften geteilt. Eine solche Wurst ist im Kühlschrank ca. 4 Tage haltbar. Die eine Hälfte legte ich unter die Pyramide, die andere in den Kühlschrank. Nach 24 Stunden schnitt ich von jedem Stück die Hälfte ab, legte jedes Stück auf einen Teller und hielt diese meinem Hund Timi hin. Er roch an beiden Tellern und kostete ein bißchen. Daraufhin stellte ich die 2 Teller ab und führt Timi in eine Entfernung von 5 m zu den Tellern, die ca. 10 cm auseinander standen. Lief er auf den linken Teller zu, so ließ ich ihn sofort von dem rechten kosten, so daß er deutlich wußte, wo beide Sorten standen. Dann stellte ich ihn wieder in 5 m Entfernung und ließ ihn wieder los. Jetzt erst fing ich an aufzuschreiben, wohin er lief. War er am Essen, so zog ich ihn noch zweimal zurück in 5 m Entfernung. Gemütlich fand er das zwar nicht, aber jeder muß nun mal sein Steinchen dazu beitragen. Sogar ein Hund!

Bei einer anderen Gelegenheit habe ich den Platz der Teller getauscht. Das Ergebnis war: bei 30 Tests bevorzugte er 27 mal die Pyramiden-Wurst. Eine weitere Eigenart meines Hundes zeigte sich, wenn ich unter der großen Pyramide saß und er zu mir kam. Er legte sich meistens in die nord-östliche Ecke. Während eines Vortrags bestätigte jemand dieses Phänomen und erklärte sogar, daß eine Katze sich in die süd-westliche Ecke legt. Katze und Hund sind beide Vertreter des weiblichen und männlichen Elementes, was sich auch in unserem Sprachgebrauch niederschlägt. Verliebte Männer neigen dazu, ihre Freundin „mein Kätzchen“ zu nennen und in anderen Fällen eine Frau manchmal als „Schmusekätzchen“ zu bezeichnen. Von einigen Ausnahmen abgesehen, sagt man dies nicht zu einem Freund.

So wie Gott den ersten Menschen, den wir Adam nennen, als Mann und Frau in einem erschaffen hat, so birgt auch die Pyramide beide Elemente in sich. Später erfolgte eine Trennung der Geschlechter und der weibliche Teil wurde vom männlichen getrennt. In der Bibel wird dies symbolisch mit der Entnahme der Rippe dargestellt, was bedeutet: ein Teil des Mannes und der Frau sind Ausdruck des elektrisch-ausstrahlenden und des magnetisch-empfangenden, des Yin und Yang. Sie zusammen bilden ein Ganzes. In der Pyramide gibt es offenbar Stellen, an denen Tiere intuitiv ihren Platz suchen und an denen sie sich am wohlsten fühlen. Es muß also Schwingungen und Energien geben, die zu ihnen passen.

Hier spielt die Intuition der Tiere eine Rolle, für die der Mensch in der Regel Meßgeräte benötigt.

Versuche mit Wasser

Wasser ist einer der Stoffe, der die Pyramidenenergie sehr gut aufnehmen kann und dadurch sogar eine Veränderung erfährt. Norman Stark publiziert in seinem Buch „The first practical pyramid book" einen Bericht des Instituts für Wasser und Bodenuntersuchungen der Universität für Landwirtschaft in Arizona. Diesem Bericht kann man die Unterschiede zwischen behandeltem und unbehandeltem Wasser entnehmen. Ich selbst habe Versuche mit einem Geschmackstest durchgeführt. Städtisches Leitungswasser bekommt nach 24 Stunden oder mehr unter der Pyramide einen besseren Geschmack. Dies wurde von einigen meiner skeptischen Freunde aus Kreisen der klassischen Medizin überprüft und bestätigt. Auch erhielt ich hierzu einige Briefe von Mitgliedern der Omni-Scienta, einem Verein, der zur Förderung der Forschung auf dem Gebiete der Pyramidenenergie ins Leben gerufen wurde. Ein Mitglied aus Tongeren rief mich an und teilte mir mit, das Pyramiden-Wasser sei ihm beim Kosten sofort aufgestoßen. Er hatte Probleme mit seinem schlecht funktionierendem Magen. Nach dem Genuß von Pyramiden-Wasser begann sein Magen zu arbeiten, was durch normales Wasser nicht bewirkt wurde. Ebenso bemerkte er den reinen Quellwassergeschmack des behandelten Wassers.

Einen weiteren Versuch führte ich mit Schnittblumen durch. In der mit Pyramiden-Wasser gefüllten Vase gingen noch Knospen auf und die Blumen hielten sich länger, als in herkömmlichem Wasser.

Das Gießen von Pflanzen

Vergleichende Versuche mit Gießen der selben Pflanzenart stellte ich keine an. Jedoch taten andere dies für mich. Es hatte zur Folge, daß die Pflanzen keine Krankheitserscheinungen aufwiesen und sie nach einiger Zeit ordentlich gesund aussahen.

Sogar kranke und welke Pflanzen können mit Pyramiden-Wasser und einer liebevollen Pflege wieder belebt werden.

In Buch „The guide to pyramid energy“ von Bill Kerell und Kathy Goggin wird von einem Farmer aus Kalifornien berichtet, der einen Teil seiner Felder mit Pyramiden-Wasser bewässerte und dadurch einen erheblich höheren Ertrag erzielte.

Henk Kleinmann und seine Arbeitsgruppe berichtet, daß Pyramiden-Wasser Schuppen im Haar nach viermaligem Waschen verschwinden läßt und ebenso gut zur Vorbeugung gegen Schuppen geeignet ist.

Pyramiden-Wasser im Aquarium gibt den Fischen zusätzliche Lebendigkeit und Gesundheit. Ein Versuch mit Garnelen in Pyramiden-Wasser und mit einer Pyramide über dem Aquarium zeigte, daß die Garnelen nicht nur viel länger lebten, sondern auch 2-3 mal so groß wurden, als die Garnelen in einem Kontrollbecken. Da das Pyramiden-Wasser auch gut für Tiere ist, hat ein Bekannter, Herr Mansart aus Ekeren-Brasschaat, Wasser in einem verzinkten Eimer in seinen pyramidenförmigen Wintergarten aus Glas gestellt. Der Eimer stand auf einem Stuhl. Seine

Verwunderung war groß, als es am nächsten Tag in dem Eimer von Regenwürmern wimmelte. Keiner von uns hatte hierfür eine Erklärung. Es ist um so mehr verwunderlich, da er schon öfters Wasser für die Pferde in Eimern außerhalb der Pyramide bereitstellt hat und in den Eimern noch nie einen Regenwurm gefunden hatte.

Interessant ist auch der Versuch von Norman Stark, der zwei Wachstumsverstärker gleichzeitig verwendet. Er setzt eine Pflanze in einen Topf, gießt sie mit Pyramiden-Wasser und wikkelt den Topf in eine mit Pyramidenenergie geladene Aluminiumfolie. Das Ergebnis ist eine doppelt so große Pflanze wie die Kontrollpflanze. Auch die Damen haben sich bei den Versuchen mit Pyramiden-Wasser lebhaft beteiligt. Einige unter ihnen behaupten, ihre Haut sei nach dem Waschen mit Pyramiden-Wasser erheblich besser geworden und sogar Falten würden verschwinden. Auch bei Problemen mit Fußschweiß ist eine bemerkenswerte Verbesserung nach regelmäßigem Waschen mit Pyramiden-Wasser erzielt worden. Ich möchte nicht versäumen, von dem Versuch eines Mitglieds des niederländischen Pyramiden-Verbandes zu berichten, dessen Kind ebenfalls unter Fußschweiß litt. Das Problem verschwand einfach, als die Schuhe des Kindes jeden Abend unter die Pyramide gestellt wurden.

Diese ganzen Beispiele und Anwendungen führe ich an, um dem Leser zu zeigen, daß wir zur Zeit tatsächlich noch in der Anfangsphase stecken, was die Möglichkeiten der Pyramiden-Anwendung anbelangt.

Die Möglichkeiten sind so groß, wie es der Kraft unserer Phantasie oder unseres Einfallsreichtums entspricht; wenn wir die Ideen aller Experimentierfreudigen zusammennehmen, können wir wahrscheinlich 7x7x7 Bücher füllen. Durch das Waschen mit Pyramiden-Wasser bekommt stumpfes Haar seinen schönen Glanz zurück und wird wieder belebt, so wird es im Buch von Norman Stark behauptet. Und warum auch nicht, wenn es den Pflanzen gut tut, warum sollte es dann nicht einen positiven Einfluß auf menschliche Haarwurzeln haben. Geben Sie Ihren

Haustieren und Pflanzen Pyramiden-Wasser, kochen Sie Kaffee oder Tee damit, verwenden Sie es in der Suppe, der Geschmack wird sich immer verbessern. Wenn man schon den gesundheitsschädlichen Kaffee trinkt, sollte man ihn zunächst unter die Pyramide stellen; man wird merken, daß der bittere Geschmack abgeschwächt wird.

Frau Lous Ohl von der Pyramiden-Stiftung aus Den Haag erzählte mir, daß sie auf diese Weise weniger Kaffeepulver für die gleiche Tassenanzahl benötige.

Hier befinden wir uns bereits vollauf im Bereich der Sparmaßnahmen. Die Pyramide hilft die steigenden Kosten im Haushalt zu senken. Bezüglich des Themas Einsparungen noch ein weiteres Beispiel aus den Niederlanden. Herr Frans Theuwies kam auf die Idee, Versuche mit Benzin durchzuführen. Es stellte sich heraus, daß er bis zu 25 % einsparen konnte. Dadurch angeregt, entstanden dann meine eigenen ...

Versuche mit Benzin

Mit diesen Versuchen habe ich eine recht spannende Zeit erlebt. Man lernt dadurch die Launen der Bezinuhr seines Autos kennen. Dieses Gerät habe ich 5 Monate lang, mehr noch als meinen Tachometer, aufs genaueste beobachtet.

Um den Versuch so objektiv wie möglich durchführen zu können, habe ich zunächst meinen Bezinverbrauch über 2.522 km genau gemessen. Daraus ergab sich ein Verbrauch von 12,68 l pro 100 km. Daraufhin habe ich im Kofferraum eine Pyramide über den Bezintank gestellt. Die Pyramide war 40 cm hoch und das größte Kräftefeld lag demnach 1/3 unterhalb der Basis, das heißt 13,3 cm unterhalb der Bodenfläche des Kofferraumes. Dieses Kräftefeld reichte genau bis in die Mitte meines Bezintanks. Man sollte deshalb auch nicht warten, bis der Tank leer ist, sondern diesen immer nachfüllen, wenn er noch halbvoll oder sogar dreiviertel voll ist. Nach 72 Stunden entfaltet die Strahlung ihre

volle Wirkung, was einen vollen Tank voraussetzt. Nachher vermischt sich das aufgeladene Benzin sofort mit dem nachgetankten. Ich habe dann an meiner Tankstelle eine ebene Stelle ausgewählt und einen Pflasterstein gekennzeichnet, so daß ich immer an der gleichen Stelle würde stehen können. Mit der Frau an der Tankstelle habe ich vereinbart, daß sie in Zukunft versuchen solle, den Tank immer bis zur gleichen Höhe zu füllen. Ich könnte dann bei der nächsten Tankfüllung jeweils genau ausrechnen, wieviel Liter Benzin ich pro Kilometer verbraucht hätte. Nach 3.645 km ermittelte ich einen durchschnittlichen Verbrauch von 11,65 l, was eine Einsparung von 7,8 % bedeutete. Ich fand das Ergebnis nicht gerade aufregend und habe dann einen Versuch mit einer Kegelpyramide in meinem Kofferraum gemacht, da bei dieser die Ausrichtung keine Rolle spielt. Auf 2.638 km erzielte ich eine Einsparung von 5,7 % pro 100 km. Enttäuscht über dieses Ergebnis nahm ich mit Herrn Theuwis

Kontakt auf, der mir riet, eine neue Pyramide anzufertigen und sie innen mit einer Aluminiumfolie auszukleiden. Ich habe mir daraufhin eine Pyramide von 40 cm Höhe aus Pressholz bauen lassen. Nach 1.205 km kam ich auf einen Verbrauch von 11,16 l, das heißt 11,9 % Einsparung.

Die Verbesserung war nicht nur auf die neue Pyramide zurückzuführen, sondern ich hatte eine Platte aus Pappe in den Kofferraum gelegt und die Nord-Süd-Linie für 2 Stellplätze, an denen der Wagen öfters länger stand, eingezeichnet. Die eine Stelle war der Büro-Parkplatz und die andere in der Garage zu Hause. Jetzt folgt das eigentlich Verrückte an dieser ganzen Geschichte.

Es geschah etwas, was mir die Erklärung für die mageren Resultate, die ich im Vergleich zu Herrn Theuwis und anderen verbucht hatte, nahe brachte. Ich hatte mir eine große Pyramide mit einer Basis von 3 m aus Aluminium-Elementen anfertigen lassen. Ich wollte Versuche „in" einer Pyramide durchführen. Als ich mit dem Gerät nach Hause kam, hatte ich das Pech, es nirgendwo hinstellen zu können, ohne das gesamte Mobiliar entfernen zu müssen. Vorübergehend stellte ich die Pyramide in die Garage. Dadurch konnte ich jedoch meinen Wagen nicht mehr darin abstellen, so daß er draußen übernachten mußte. Beim nächsten Tanken stellte sich heraus, daß die Einsparung plötzlich auf 18 % gestiegen war: Vermutlich befand sich also in meiner Garage ein Störfaktor, möglicherweise sogar das Fernsehgerät, das einen Stock höher im Haus stand, fast in Höhe des Kofferraums.

So zeigt sich immer wieder, wenn man die Probleme selbst nicht findet, reicht einem die Pyramide die helfende Hand. Ich habe danach die Pyramide wieder aus meinem Kofferraum genommen und der Verbrauch stieg auf etwa 12,50 l pro 100 km an. Mittlerweile pfiff mein Auto aus dem letzten Loch und ich mußte einen neuen Wagen kaufen. Ich werde ihn zunächst 15.000 km auf normalen Verbrauch hin testen, und sehen, ob ich nicht noch zusätzliche Faktoren zu berücksichtigen habe.

Korrosionsschutz mit Pyramiden

Der Sohn eines Freundes unternahm den Versuch, durch die Pyramide ein verrostetes Messer wieder scharf zu bekommen. Er stellte fest, daß der Rost in schönen kreisförmigen Streifen verschwand. Es war ein herrlicher Anblick.

Pyramiden und Kräuter

Kräuter müssen nach dem Pflücken getrocknet werden. In der Pyramide bleiben sie schön grün und werden zusätzlich noch mit Energie geladen. Die Heilkraft der Kräuter wird dadurch sicherlich noch erhöht.

Pyramiden und Halbedelsteine

Ich hatte die Angewohnheit, einen Aquamarin mit einer schönen, undefinierbar blau-grünen Farbe zu tragen, aber mit der Zeit begannen die Farben allmählich zu verblassen. Irgendwann einmal habe ich den Stein an den Bettpfosten gehängt und dort vergessen. Nach einem Jahr streifte mein Blick den Stein und er sah vollkommen durchscheinend grau aus. Ich wollte dem Stein seine Energie wiedergeben und legte ihn unter die Pyramide. Zu meinem Erstaunen bekam er nach einem Monat seine herrlich blau-grüne Farbe wieder. Ein Zeichen dafür, daß er seine ursprüngliche Kraft zurückerhalten hatte.

Bauernkäse unter der Pyramide herstellen

Nehmen Sie einen Liter Milch, am besten direkt von der Kuh, und stellen Sie diese unter die Pyramide. Nach einem Monat haben Sie Bauernkäse.

Ich selbst habe es ohne Erfolg versucht, werde jedoch den Versuch nochmals wiederholen, denn ich lese und höre immer wieder, wie gut es funktioniert.

Mumifikationsversuch

Bei diesem Versuch habe ich noch etwas über kosmische Führung herausgefunden. Bei einem meiner Vorträge wollte ein Anwesender wissen, ob ich jemals einen Mumifikationsversuch unternommen habe. Ich war einen Moment lang perplex, denn es war mir noch nie eingefallen, ein Tier für einen Versuch zu opfern. Andererseits war das eigentlich der Anfang von allem gewesen und es wäre vielleicht der Mühe wert, es einmal zu probieren. Ich gab zu, einen solchen Versuch noch nie unternommen zu haben. Am nächsten Morgen, einem Samstag im Dezember, fuhr ich mit dem Wagen zu Hause um die Ecke und sah an der Straße eine Ente liegen. Ich betrachtete dies als ein Zeichen und hielt an. Der arme Vogel ist wahrscheinlich angefahren worden und war tot. Bis auf eine kleine Verletzung, an der blutiges Fleisch zu sehen war, war die Ente heil geblieben. Ich hob sie auf, wickelte sie in eine Zeitung ein und nahm mit nach Hause.

Auf einer überdachten Terrasse stand eine 40 cm hohe Pyramide und ich legte das tote Tier auf eine Platte. Ich hatte vor, so rasch als möglich eine Pyramide aus wetterbeständigem Material bauen zu lassen, damit das Experiment im Freien erfolgen konnte. Leider dauerte das einige Zeit und nachdem ich noch mit anderen Experimenten beschäftigt war, vergaß ich die Ente.

Ungefähr einen Monat später besuchte mich eine Gruppe Jungen, um Erklärungen über Experimente zu erbitten. Ich selbst war nicht da und meine Frau, die von der Sache nichts wußte, wollte ihnen zeigen, was man so alles unter eine Pyramide legen konnte. Sie können sich vorstellen, wie sehr sie erschraken, als sie anstelle der Blumen oder anderer Dinge eine tote Ente fanden. Ich hatte damals Ente und Pyramide in den Garten gebracht und die Pyramide mit Plastik geschützt. Jetzt, 8 Monate später, ist noch keine Spur von Auflösung festzustellen, keine Würmer oder andere Tiere sind dem Kadaver nahegekommen. Das Eigenartige ist allerdings, daß nach einigen Wochen ein leichter Geruch entstand, der dann wieder verschwunden ist. Ich lasse das Tier ruhig liegen und warte noch einige Wochen ab, was sich zeigt. Keine Katze aus der Nachbarschaft hat sich damit beschäftigt. Lediglich mein Hund war in den ersten Tagen neugierig, doch sein Interesse ließ nach einer Woche nach.

Pyramide und Schönheitsprodukte

In „The Psychic Power of Pyramids" von Bill Schul und Ed Petitt berichtet eine Frau, daß sie ihre Pflegecreme unter eine Pyramide stellte und nach kurzer Zeit seien ihre Falten verschwunden. Ich habe bisher noch kein Opfer gefunden, das dies für mich ausprobieren wollte, doch warum auch. Das Schöne für Sie, den Leser, ist doch, daß Sie selbst auf Entdeckungstour gehen und herausfinden können, was alles möglich ist.

Im gleichen Buch wird über einen Blutversuch berichtet. 4 Menschen wird Blut entnommen und untersucht. Dann verbrachten diese 4 Personen 15 Minuten unter einer großen Pyramide und während sie noch darunter waren, wurde erneut Blut genommen. Die Unterschiede bei der Analyse waren deutlich. Unterschiede vor allem bei der Zahl der roten Blutkörperchen, Monozyten, Zink, Kupfer und Eisen. Bei gleicher Gelegenheit wurde auch ein Kirlianphoto von den Fingerspitzen eines der Anwesenden aufgenommen. Der Unterschied vor und nach der Behandlung mit der Pyramidenenergie war groß.

Pyramide und Batterien

Mein Interesse für Elektrizität und ähnliches und mein Wissen darüber ist gleich Null. Meine Frau kann das bestätigen und sie hat geduldig gewartet, bis mein ältester Sohn groß genug war, um solche Arbeiten für mich übernehmen zu können. Dennoch möchte ich dem Liebhaber solcher Dinge die Beschreibung eines interessanten Versuchs nicht vorenthalten. Versuche, die John Rese mit Taschenlampenbatterien unternommen und in einem Buch „Pyramid Power“ von Max Toth und Greg Nielsen beschreiben hat. Die Batterie wurde unter die Pyramide gelegt, wobei der positive Pol in einem 1/3 der Höhe nach Norden wies. Die Pyramiden-Batterie steigerte sich von 1,3579 Volt auf 1,3776 Volt, ein Plus von 0,0197 Volt. Die anderen Batterien brachten folgende Ergebnisse:

1,3612 Volt auf 1,3713 Volt, ein Plus von 0,0101 Volt
1.3709 Volt auf 1,3742 Volt, ein Plus von 0,0033 Volt
1,3539 Volt auf 1,3740 Volt, ein Plus von 0,0147 Volt
im Durchschnitt 0,0094 Volt

Pyramidenenergie, gemessen von einem Radiästhesisten

Gegenwärtig gibt es nur wenige Methoden oder Meßinstrumente, die Pyramidenenergie direkt messen können. Die meisten wissenschaftlichen Versuche sind im Zusammenhang mit den Ergebnissen der Pyramidenenergie vorgenommen worden. Staf Bierynckx, ein bekannter Radiästhesit in Belgien verfügt in Kürze über ein empfindliches Meßgerät, das an einen Computer angeschlossen ist. Man nennt dies Bio-Elektronik. Er wird sofort ausgedehnte Versuche mit der Pyramidenenergie unternehmen, die dann wissenschaftliche Beweiskraft haben werden.

Weshalb ist er so enthusiastisch? Weil er mit dem Pendel bereits sehr deutliche Unterschiede auf verschiedenen Gebieten festgestellt hat. Er war so freundlich, mir einen Bericht über seine Messungen und Versuche zukommen zu lassen.

Wasser

Er überprüfte Brunnenwasser in 5 verschiedenen Höhen unter der Pyramide. Das Wasser war immer nach maximal 24 Stunden geladen. Dann stellte er mit dem Pendel fest, daß der Energiewert erheblich zugenommen hatte.

Einige seiner Feststellungen sind seltsam. Die Stelle innerhalb der Pyramide, an der sich das Wasser am schnellsten auflädt, liegt in einer Höhe von 2/3 über der Basis. Wurde das Wasser normal in einer 40 cm hohen Pyramide auf den Boden gestellt, dann schien es nach 24 Stunden sogar weniger Energie zu enthalten als normales Wasser.

Es geht hier um die energetische Ausstrahlung von Wasser, also nicht um den PH-Wert, den RH- oder den R-Faktor.

Getreide

Staf Bierynckx ist Taubenliebhaber und natürlich hat er auch mit Taubenfutter einen Versuch unternommen. Nach 24-stündigem Aufladen stellte er einen merklichen Unterschied fest. Er berichtete, daß sich selbst die Farbe des Mais so verändert hätte, daß dieser viel stärker glänzte.

Taubeneier

Meines Wissens war dies eine Weltpremiere. Von Staf wurden 2 unbebrütete Taubeneier in ein Kästchen mit weißem Sand unter die Pyramide gelegt. Täglich wurden die Eier gewendet. Nach 21 Tagen legte er die Eier einer Taube unter, die gerade erst gelegt hatte. Nach 18 Tagen, der normalen Brutzeit, schlüpften 2 junge Tauben. Das Besondere daran ist, daß Taubeneier ihre Fruchtbarkeit nach einigen Tagen verlieren, wenn sie nicht sofort bebrütet werden. Dadurch, daß sie unter der Pyramide lagen, blieb ihre Fruchtbarkeit erhalten. Ein Taubenzüchter kann sich so ein wenig in kosmischer Geburtsregelung versuchen. Die beiden jungen Tauben sind stark und gesund, doch wir werden erst in einigen Jahren wissen, ob sie besser oder schlechter fliegen können als man erwarten kann.

Ich habe Staf eine große Pyramide aus Rohrgestell besorgt, um seine Brieftauben hineinzusetzen und zu überprüfen, wie sich dies auf ihre Durchhaltekraft, Geschwindigkeit usw. auswirkt.

Diese Versuche ziehen sich noch über Jahre hin und bei Gelegenheit kommen wir darauf noch zurück. Schade, daß Staf zu wenig Zeit hat, sich intensiv damit zu beschäftigen.

Aluminiumfolie

Nach 24 Stunden stellte Staf eine Aufladung der Aluminiumfolie fest. Er gab die Folie Freunden und Bekannten gegen Rheuma und Arthrose. Er bestätigt, daß bei einigen sehr schweren Erkrankungen die Schmerzen verschwanden, manchmal ganz, in anderen Fällen teilweise. Er schreibt, das Schwierige dabei sei, daß er nicht weiß, wie die Menschen sie verwenden. Da er jedoch schon besonders gute Ergebnisse erzielte, hat er vor, in Zusammenarbeit mit einem Arzt diese Therapie unter Kontrolle durch medizinisches Personal zu testen. Dann können Statistiken erstellt und in universitären Kreisen das Interesse geweckt werden, damit von dieser Seite groß angelegte Versuche gestartet werden.

Ein Bekannter von ihm hatte eine offene Beinwunde und in diesem Falle wurden die Schmerzen sehr viel schlimmer. Es ist schade, daß dieser Versuch nicht fortgesetzt wurde, weil die Verschlimmerung ein Vorbote der Besserung hätte sein können, wie es bei der Homöopathie der Fall ist. Ich selbst habe dies bei einer Frau festgestellt, die regelmäßig Gallenblasenbeschwerden bekam. Das Auflegen der aufgeladenen Aluminiumfolie verursachte nach 5 Minuten eine Verschlimmerung, doch nach einer Viertelstunde waren die Schmerzen vollständig verschwunden.

Homöopathische Heilmittel

Staf hat einige Dutzend Versuche blind mit verschiedenen homöopathischen Verdünnungen unternommen. Für diese Versuche wurden niedrige Potenzen wie etwa D6 verwendet.

Die Verdünnungen wurden in neutralen Flaschen unter die Pyramide gelegt, von einer dritten Person registriert und ihm zur Untersuchung vorgelegt. Mit dem Pendel verglich er dann das Kraftfeld dieser Präparate mit dem unbehandelten Pendant. Der Unterschied war so deutlich, daß er sich nicht einmal irrte. Allerdings wurde durch die Pyramiden-Behandlung nicht die Potenz erhöht, sondern die Kraft, die vom Heilmittel ausging.

Meine Frage, ob das Mittel dadurch besser wirke, konnte er in dem Augenblick nicht beantworten, da sich das nur sehr schwer feststellen läßt.

Hierfür müßten gleichfalls Versuche in großer Zahl vorgenommen werden. Es kommt erschwerend hinzu, daß die Reaktion auf homöopathische Mittel von Mensch zu Mensch verschieden und nur schwer zu messen ist.

Ergänzend schrieb er mir: „Ich hoffe, daß ich in Kürze diese Versuche mit Hilfe der Bio-Elektronik von Vincent ausdehnen kann.

Auch das ist ein Anwendungsgebiet, dessen Bedeutung erst noch genauer erforscht werden muß.

Für mich steht jedoch schon fest, daß die Anwendung der Pyramide neue Möglichkeiten eröffnet. Niemand kann heute vorhersagen, wie die Entwicklung der Wissenschaft voranschreitet. Wir sehen bei diesen Dingen nicht mehr klar. Die Biologie wird so kompliziert, daß wir uns hinsichtlich des Menschen nicht mehr synthetisch zu denken getrauen. Wir verzetteln uns in zwar notwendigen Detailanalysen, die jedoch eher zur Verdunkelung und Verkomplizierung beitragen, als zur Erhellung. Schon heute geben viele kluge Leute die Sinnlosigkeit der Bemühung zu, diese Dinge zu verstehen. Es reicht, die Spielregeln zu berücksichtigen. Diese Spielregeln wollen wir auf einen Punkt bringen.

Es ist der unermüdlichen Arbeit von Paul Liekens zu danken, dessen Arbeit ich hier würdigen will, lieferte sie doch einen vortrefflichen Beitrag für die Verbreitung und Anwendung der Pyramiden-Idee. Die Pyramide stellt erneut den Beweis für das induktive Wirken des Kosmos auf die Erde dar."

Staf Bierynckx

Pyramide und Geräuschisolierung

Durch Zufall erhielt ich vor einiger Zeit Unterlagen einer Spezialfirma für Akustik, aus denen die besondere Eignung der Pyramide zur Absorbierung von Lärm hervorging.

Die Firma hat diese Erkenntnis in die Praxis umgesetzt und eine Platte mit Dutzenden von Pyramiden darauf entwickelt. Diese Platte absorbiert in hohem Maße allen Lärm. Zur Unterstützung der Behauptungen werden die notwendigen Statistiken und Tabellen bereitgestellt. Lärm ist tatsächlich einfach meßbar.

Die Cheops-Pyramide muß seinerzeit, als sie noch mit prächtigem weißen Kalkstein verkleidet war, ausgesehen haben wie eine perfekte Leuchtbake. Durch Wahl des richtigen Anstellwinkels der Seiten, wurde und wird kosmische Energie angezogen. Die Reflexion des Sonnenlichts am 21. März und am 21. September ist perfekt.

Es scheint, als träfe dies auch auf Lärm, beziehungsweise Schallwellen zu.

Lärm wird in unserer Zeit zum Problem. Die Kommission für arbeitsmedizinische Forschung, mit T.N.O. in den Niederlanden zusammenarbeitend, stellt fest, daß einer von zwei Arbeitern in der niederländischen Industrie an Gehörschädigungen leidet, und man innerhalb von 10 Jahren mit Taubheit infolge Lärms als der größten Berufskrankheit rechnen muß.

Das Ohr ist tatsächlich sehr empfindlich und verfügt über fast keine Schutzmechanismen. Wenn wir kalte Hände haben, können wir Handschuhe anziehen und weiter mit den Händen arbeiten. Wenn das Licht zu grell ist, reagiert das Auge durch Verengung der Pupillen oder wir können eine Sonnenbrille aufsetzen.

Wenn wir unsere Ohren abdecken, hören wir zwar nicht mehr das uns störende Geräusch, aber wir hören auch alles andere nicht mehr.

Die Pyramiden-Platten absorbieren Geräusche in Schwimmbädern, Computerräumen, Fabriken, Schulräumen usw. Die Pyramide kommt uns offensichtlich auf den unerwartetsten Gebieten zu Hilfe. Ich bin überzeugt, wir haben überall erst nur einen kleinen Zipfel des Schleiers gelüftet.

Versuche auf ätherischem Gebiet – die Heilkraft der Pyramide?

Mit „ätherischem Gebiet“ bezeichne ich hier die feinstoffliche Hülle, in der sich die krankheitsbedingten Störungen zuerst manifestieren, den Lebenskörper oder das magnetische Kraftfeld, das den Menschen umgibt, welches früher vielfach noch vom einfachen Menschen gesehen werden konnte. Deshalb wurden vergeistigte Personen oder Heilige mit einer Aureole dargestellt. Mit ein wenig Übung kann man lernen, diese Aura zu sehen. Wenn man bei gedämpftem Licht jemanden vor einen weißen Hintergrund stellt und direkt über dessen Kopf schaut, kann man eine vage Lichterscheinung erkennen, eine Art Kontur des Kopfes; sensibilisierte Menschen sehen sogar Farben in dieser Aura.

Die Energie der Pyramide hat die Eigenheit, Schmerzen verschwinden zu lassen, Verletzungen und Knochenbrüche in kürzerer Zeit zu heilen. Soweit ich mit dieser Materie vertraut bin, glaube ich, daß sie die Vitalität des Menschen stimuliert und so eine verstärkte Körperreaktion hervorgerufen wird, wodurch der Genesungsprozeß beschleunigt und das Leiden zum Abklingen gebracht werden. Die Wirkung homöopathischer Potenzen beruht auf dem gleichen Prinzip.

In meiner Nachbarschaft wohnt ein Junge, der regelmäßig von sehr starken Migräneanfällen heimgesucht wird. Eines Tages kam er mit diesen Beschwerden zu uns und fragte, ob er sich einmal unter die Pyramide setzen dürfe, die mitten in meinem Garten stand.

Seine Migräne hält meist einen Tag oder noch länger an und ist, seinen Worten zufolge, fast unerträglich. Nach ungefähr einer halben Stunde hatte der Schmerz erheblich nachgelassen und nach ca. 45 Minuten war er vollständig verschwunden.

In diesem Fall wäre es verfrüht, von einer Heilung zu sprechen, da die Ursache wahrscheinlich nicht beseitigt worden ist. Ich habe diesem Jungen daher geraten, zu einem homöopathischen Arzt zu gehen, um endgültig geheilt zu werden, was er dann auch getan hat.

Wenn man sehr müde ist, kann man sich eine Zeitlang unter die Pyramide setzen und nach rund zwanzig Minuten fühlt man sich wieder so fit wie ein Fisch im Wasser.

Ich spreche von einer Pyramide ohne Außenwand aus Rohrgestell mit eine Höhe von ca. 1,70 Meter.

Am Weihnachtsabend kamen Freunde mit ihren Kindern zu Besuch. Kris Focketyn, einer der Jungen, litt an verstopften Nebenhöhlen. Ich schlug ihm vor, sich für eine Viertelstunde unter die Pyramide zu setzen, die in meiner Garage stand.

Nach rund 10 Minuten waren seine Nebenhöhlen frei, doch wollte er gerne noch etwas sitzen bleiben, da es ein so herrliches Gefühl vermittelte, als ob eine nicht zu beschreibende Kraft seinen ganzen Körper durchströmte.

Das war eine interessante Entdeckung, doch hat nicht jeder das Geld und den erforderlichen Platz, sich eine solche Pyramide anfertigen zu lassen und sie aufzustellen.

Ich wollte den Versuch unternehmen meiner Großmutter zu helfen, die schon seit zehn Jahren an Arthrose im Knie litt und dadurch viele Unannehmlichkeiten und Schmerzen hatte. Der behandelnde Arzt verordnete ihr einige schmerzstillende Mittel, die mehr oder weniger halfen. Schließlich verschaffte nur noch ein ins Knie gespritztes Kortisonpräparat Erleichterung. Der Arzt war sich der gefährlichen Nebenerscheinungen bewußt und schob eine solche Behandlung so lange wie möglich hinaus.

Auf meiner Suche nach der Lösung dieses Problems, erkannte ich wieder einmal, daß alle Handlungen und Unternehmungen im Leben einen Sinn haben, deren Bedeutung sich oft erst viel später offenbart. Vor einigen Jahren erlernte ich die Technik des Magnetisierens, wodurch man unter anderem Schmerzen verschwinden lassen kann. Eines Abends drehte sich das Gespräch um dieses Thema und jemand erzählte mir von einem Magnetiseur, der seinem Patienten eine von ihm magnetisierte Aluminiumfolie mitgegeben hatte, die der Patient im Falle von Schmerzen auf die betreffende Stelle legen sollte.

Dadurch angeregt beschloß ich, einen Versuch zu wagen.

In meiner fieberhaften Ungeduld stellte ich, sozusagen als Turbolader, gleich sieben Pyramiden aufeinander und legte die Aluminiumfolie für 24 Stunden darunter.

Mit dieser Folie ging ich zu meiner Großmutter und umwickelte damit ihr Knie. Nach einigen Stunden jedoch begann die Folie zu stechen und zu jucken, weshalb wir sie entfernten. Es zeigte sich, daß der Schmerz fast völlig verschwunden war. Auch am nächsten Morgen war der Schmerz viel erträglicher als gewöhnlich. Am nächsten Abend wickelte ich eine erneut aufgeladene Aluminiumfolie in ein Leintuch und legte den Verband um das Knie, der nun die ganze Nacht angelegt blieb. Beim Aufwachen war der Schmerz vollständig verschwunden. Bis heute, acht Monate nach dem Experiment, sind die Schmerzen nicht wiedergekehrt.

Was zurückblieb, war eine Art schmerzhafter Steifheit in der Schenkelmuskulatur und im Rücken, die ihr das Gehen erschwerte (immerhin im Alter von 88 Jahren!). Da sich diese Körperpartien nur schwer umwickeln lassen, habe ich eine aufgeladene Folie unter das Bettlaken gelegt. Das Ergebnis war ganz unerwartet: die ganze Nacht konnte sie nicht einschlafen, jede halbe Stunde hörte sie die Uhr schlagen, trotzdem war sie am nächsten Morgen völlig ausgeruht und munter. Nachdem diese Behandlung einige Male wiederholt wurde, verschwanden die Schmerzen und die damit verbundene Steifheit, und sie konnte fast wieder normal gehen.

Der erzielte Erfolg und die Freude meiner Großmutter waren Ansporn, mich weiter mit der Materie zu beschäftigen.

Da erinnerte ich mich an eine Frau, die einen meiner Vorträge über Homöopathie gehört und mir ihr Problem geschildert hatte. Sie bat mich, ihren Namen nicht zu nennen, um nicht von neugierigen Besuchern belästigt zu werden.

Sie wurde mit einer Spina Bifida (offener Rücken) geboren. Trotz dieser Behinderung hat sie Laufen gelernt. Doch leidet sie seit 35 Jahren unter heftigen Schmerzen. Sie kann mit einer Handbedienung Auto fahren aber die Pedale nicht benutzen, da sie ihre Beine nicht anheben kann. Auch ist sie nicht in der Lage, das eine Bein vor das andere zu setzen. Ihre größte Angst war eine mögliche Verschlimmerung, wodurch die Schmerzen unerträglich geworden wären. Ermutigt durch das überraschende Ergebnis bei meiner Großmutter, brachte ich ihr eine kleine Pyramide von 20 cm Höhe mit, richtete diese sorgfältig in Nord-Süd-Richtung aus und legte eine Aluminiumfolie hinein, die die ganze Pyramide ausfüllte. Ich bat sie, diese Folie vor dem Schlafengehen auf die schmerzhafteste Stelle zu legen und mir das Ergebnis mitzuteilen. Nach zwei Tagen erfuhr ich, daß die Schmerzen vollständig verschwunden waren, zum ersten Mal seit 35 Jahren. Sie berichtete, daß sie die Folie vor dem Schlafengehen aufgelegt hatte. Vor dieser Behandlung lag sie normalerweise einige Stunden vor Schmerzen wach und schlief schließlich mühevoll ein. Sie wachte dann gegen 11 Uhr auf, ging ins Wohnzimmer hinunter , um sich dort gleich wieder hinzulegen. An diesem Abend jedoch verspürte sie nach rund 10 Minuten ein herrlich warmes Gefühl und schlief fast augenblicklich ein. Sie wurde gegen 7 Uhr wach, fühlte sich entspannt und ausgeruht und ging von ihren Schmerzen befreit hinunter.

Inzwischen hatte sie auf Anraten des Arztes mit einer Massagekur begonnen. Nach der Massage traten immer unerträgliche Schmerzen auf und sie mußte völlig flach liegen. Es konnte bis zu zwei Tagen dauern, ehe eine Besserung eintrat. Obwohl die Schmerzen vor der Massagebehandlung vollständig verschwunden waren, kehrten sie in der alten Heftigkeit zurück. Sie war selbst nicht mehr in der Lage, irgend etwas zu tun und bat ihre Mutter die Aluminiumfolie auf ihren Rücken zu legen. Glücklicherweise wirkte die Strahlung in gleicher Weise wie beim ersten Mal, und in ihren Organismus kehrte wieder Ruhe ein. Ich war über diesen Ausgang sehr beglückt, doch blieben mir gewisse Zweifel. Ich fragte mich, ob der psychologische Effekt meines Vorschlags und die Hoffnung dieser Frau, endlich von den Schmerzen erlöst zu werden, nicht den Ausschlag für die Heilung gegeben hatten. Wie konnte ich sicher gehen, daß es wirklich die Aluminiumfolie war, und nicht etwas anderes die Erleichterung gebracht hatte.

Es wäre möglich gewesen, mit aufgeladener und nicht aufgeladener Folie zu experimentieren, doch ich halte nichts von Spielerei mit menschlichen Gefühlen und Hoffnungen ... Und dann wurde die Lösung – fast wie gewöhnlich – von der Pyramide selbst geliefert.

Die Frau berichtete, daß sie an einem Montag, nach einer Massage, erneut die Folie benutzt hatte, jedoch ohne Ergebnis. In ihrer Enttäuschung ging sie nach oben, um die Folie wieder unter die Pyramide zu legen, in der Annahme, daß sie vielleicht nicht lange genug aufgeladen wurde. Dabei fiel ihr auf, daß während des Wochenendes einer ihrer Neffen gegen die Pyramide gestoßen sein mußte, wodurch deren exakte Ausrichtung nicht mehr stimmte. Mit anderen Worten: die Pyramide hatte keine Energie geliefert, die Folie war nicht aufgeladen und konnte daher nicht helfen. Ein deutlicher Beweis dafür, daß der genannte Effekt wirklich auf die aufgeladene Folie zurückzuführen war und nicht durch einen psychologischen Effekt verursacht wurde. Wäre das der Fall gewesen, hätte die nicht aufgeladene Folie, von der die Frau aufgrund ihrer Erfahrungen erwartete, daß sie Linderung verschafft, auch dieses Mal die Schmerzen verschwinden lassen.

Ich war nun meiner Sache sicher und hatte vor, dies auch allen mitzuteilen.

In jenen Tagen erhielt ich Besuch von einem Anzeigenvertreter der Lokalzeitung Tele-Tip, die mit 360.000 Exemplaren Auflage in der Provinz Antwerpen kostenlos verteilt wird. Es ging um die Schaltung einer Anzeige für Produkte der Firma, bei der ich beschäftigt war. Im Verlauf dieses Gesprächs erfuhr ich vom Dilemma der Redakteure, über die immer gleichen negativen Dinge wie Umweltverschmutzung und Gewalt berichten zu müssen.

Ich umriß die von mir gemachten Erfahrungen, wobei er die Möglichkeit erkannte, einmal positive Nachrichten verbreiten zu können.

Einen Monat später publizierte er auf der Titelseite einen Artikel über Pyramidenenergie und den Bericht eines jungen Mannes, der durch sie von seinen Arthroseschmerzen im Knie erlöst wurde.

Diese Veröffentlichung schlug wie der Blitz aus heiterem Himmel ein und führte zu einer Lawine von Briefen, die uns in der Tat überflutete. Meine Frau empfing täglich Dutzende von Besuchern und hatte kaum noch Zeit, das Essen für die Kinder zu machen.

Nur durch die Hilfe unserer Freunde konnten wir die größten Schwierigkeiten, den Bedarf an weiterer Information und fertigen Pyramiden meistern.

Heute, im Mai 1980, haben wir ungefähr 3.000 Mitglieder in der VZW Omniscienta, einer Vereinigung, die mit dem Ziel gegründet wurde, Untersuchungen der Pyramidenenergie durchzuführen, deren Erkenntnisse zukünftig eine wichtige Informationsquelle darstellen wird.

Der obige Bericht über die 35jährigen Frau ist allerdings noch nicht abgeschlossen. Um ihr eine bessere Nachtruhe zu verschaffen, stellte ich die Pyramide unter ihr Bett. Wider Erwarten setzte keine Verbesserung ein. Sie schlief sogar weniger gut. Trotz dieser Tatsache blieb die Pyramide stehen. Zwei Monate später, als ich am Dienstag nach Ostern kurz bei ihr hereinschaute, erzählte mir die Mutter etwas Großartiges. Ihre Tochter hatte zum erstenmal in 35 Jahren ihre Beine ohne Hilfe voreinander stellen können. Sie hatte eine Fahrt mit dem Wagen gemacht, wobei sie sogar die Pedale bedienen konnte. Das war an Ostern und hatte die ganze Familie auf die Beine gebracht, da es niemand glauben konnte. Nach Befragung zeigte sich, daß kein Element in ihrer Behandlung verändert worden war. Lediglich die Massage ihres Rückens war seit drei Monaten ausgesetzt, und seither hatte sie keine Schmerzen mehr gehabt.

Eine genaue Erklärung für diese Vorgänge wird man vorläufig noch nicht geben können, doch es muß mit der Aufladung der Gewebezellen des Körpers zusammenhängen, die dadurch neue Energie erhalten, ihre eigene Aktivität erhöhen und schließlich zu ihrer normalen Funktion zurückfinden. Wenn wir jemals soweit kommen, daß Mediziner Pyramiden in den Hospitälern einsetzen – und diese Zeit ist nicht mehr weit – werden wir mehr Klarheit über diese Kräfte und ihre Möglichkeiten bekommen. In der Universitätsklinik von Leiden wurde bereits ein Versuch mit Pyramiden unter dem Operationstisch unternommen, wodurch sich die Patienten nach der Narkose merklich rascher erholten und schneller wieder auf den Beinen waren. Ein offizieller Bericht wurde hierüber jedoch nicht erstellt. Vorläufig steht man dieser Angelegenheit noch ein wenig reserviert gegenüber.

Madeleine Leus, eine Freundin meiner Frau, verantwortlich für die hübschen Zeichnungen in diesem Buch, hatte eines Tages ein weinendes Kind in ihrem Haus. Es war gestürzt und hatte eine ordentliche Beule am Kopf. Sie legte eine aufgeladene Aluminiumfolie darauf und schnell nahmen die Schmerzen ab; darüberhinaus entstand kein schmerzhafter Bluterguß. Die Schürfwunden wurden in der gleichen Weise behandelt. Die Schmerzen schwanden schneller und die Wunde heilte früher als sonst.

Madeleine erzählte auch, daß sie eines Morgens mit Zahnschmerzen aufwachte. Als Mann und Kinder aus dem Haus waren, legte sie sich noch einmal ins Bett – sie ist noch jemand, der das Leben genießen kann. Dabei fiel ihr die Folie ein und sie legte sie auf ihren Kiefer. Nach rund zwanzig Minuten verschwanden die Zahnschmerzen. Es ist klar, daß die Angelegenheit damit nicht erledigt war und ein Zahnarzt zur Nachbehandlung aufgesucht werden mußte.

Ein anderer Bekannter, Louis Baekelmans, der diesen Dingen skeptisch gegenübersteht, hatte eine Pyramide von 40 cm Höhe für einen Freund hergestellt, dessen Frau an Rheuma litt. Er hatte die Pyramide noch bei sich im Haus, als er schlimme Kopfschmerzen bekam. Er berichtete mir, daß er sich die Pyramide über den Kopf gestülpt und festgehalten hätte (nach Norden ausgerichtet), und die Schmerzen nach einigen Minuten schwächer wurden, um dann vollständig zu verschwinden. Er mußte also zugeben, daß da etwas war. Zuvor hatte er bei meinem mißlungenen Rasiermesserexperiment versucht, unter dem Mikroskop Unterschiede festzustellen und die Pyramidenenergie hatte ihn nicht überzeugen können. Später erzählte er mir, daß die betreffende Frau tatsächlich von ihren Rheumaschmerzen befreit worden war. Sie hatte jedoch gleichzeitig Ingwerkompressen und Folie verwandt. Somit war dies kein reiner Pyramidenfall und wir wissen nicht genau, was ihr am meisten geholfen hat.

Frau de Boeurse aus Wilrijk schrieb mir einen schönen Dankesbrief. Sie litt unter unerträglichen Arthroseschmerzen im Rücken, in den Armen und Beinen. Nach zweimaligem Gebrauch der aufgeladenen Folie blieben die Schmerzen in ihrem Rücken aus und auch ihrem Nacken ging es zunehmend besser. Nach vier weiteren Behandlungen kamen die Schmerzen nicht mehr wieder. Sie schreibt weiterhin von einer Herzkrankheit, derentwegen sie viele Medikamente nehmen muß, um überhaupt schlafen zu können. Sie hat nun zwei Pyramiden unter ihr Bett gestellt und fühlt sich seither so gesund, daß sie keine Medikamente mehr nimmt. Bei ihrem Mann waren die rheumatischen

Schmerzen in den Knien vollständig verschwunden; die Schmerzen waren auch einen Monat später, zum Zeitpunkt des Briefes, nicht zurückgekehrt.

Frau Cools aus Wildert (ca. 65 Jahre alt) schreibt, daß sie wegen steifer Muskulatur und Schmerzen in den Unterschenkeln nicht mehr radfahren konnte, und sie alle Einkäufe durch jemand anderen erledigen lassen mußte. Durch ihren Sohn war sie an eine Pyramide gekommen, und nachdem sie zwei Wochen lang täglich ihre Beine mit der aufgeladenen Folie umwickelt hatte, konnte sie zu ihrer unendlichen Freude wieder radfahren.

Aus den Niederlanden erhielt ich die Zuschrift eines bekannten Pioniers der Astrologie, W.R. van Dam aus Zoetermeer. Er schreibt von einer langwierigen Krankheit, an der er seit vier Jahren leidet, einer Art subklinische Pfeiffer, die sich außerordentlich häufig in einem schmerzhaften Gefühl in den Beinen äußert. Das einzige, das dann hilft, ist lange Ruhe, wozu dieser vielbeschäftigte Astrologe natürlich keine Zeit hat. Auf mein Anraten hin, stellte er eine Pyramide unter sein Bett und spürte, daß es fühlbar half. In seiner Begeisterung bestellte er 5 Pyramiden, die er an Freunde und Bekannte verschenken wollte.

Ein anderer schöner Fall ist Frau Van Geel aus Ekeren (79 Jahre alt), die bereits 14 Jahre lang in Behandlung wegen Arthrose war; alle 2 Monate mußte sie über 140 km zum Spritzen fahren. In der letzten Zeit hielt die Wirkung der Spritzen nur noch zwei Tage an und sie mußte in immer kürzeren Abständen behandelt werden. Sie hatte sich eine Pyramide angeschafft und abends die aufgeladene Folie um die schmerzenden Glieder gewickelt; morgens waren die Schmerzen verschwunden und kehrten nicht wieder!

Eine bessere Nachtruhe ist eine der Folgen der Pyramidenenergie. Das habe ich mehrfach selbst erfahren, ebenso meine Kinder.

Bislang sind mir vier Fälle bekannt, in denen die Personen in der Nacht äußerst nervös wurden, doch in 95 % aller Anwendungen steigerte die Pyramide das nächtliche Wohlbefinden, wobei sie in Höhe des Nabels unter das Bett gestellt werden muß. Hierzu möchte ich auch Heidi van Merksem zu Wort kommen lassen, die mir einen lieben Brief schrieb. Ihr Vater litt seit etwa zwanzig Jahren an Schlaflosigkeit. Zum Zeitpunkt, da der Brief geschrieben wurde, war dieses Problem seit bereits acht Wochen gelöst. Er schlief ohne Schwierigkeiten und kam morgens gutgelaunt an den Frühstückstisch. Ihre Mutter, die keine Schlafstörungen hatte, konnte in den ersten fünf Nächten nicht richtig schlafen und klagte über Herzklopfen und Brechanfälle, was auch nach der Behandlung durch einen Magnetiseur nicht völlig beseitigt werden konnte. Allerdings kommt sie jetzt mit viel weniger Schlaf aus. Heidi beschreibt weiterhin ihr Erlebnis einer dreitägigen Fastenkur. Am dritten Tag gab es in der Gruppe der Fastenden erstmalig wieder zu Trinken. Nach Genuß des gereichten Pyramiden-Wassers fühlten sich alle spürbar besser.

Bei anderer Gelegenheit legte sie getrocknete, schimmelnde Blumen unter die Pyramide: Das Schimmelwachstum stoppte und der Duft der Blumen kehrte zurück.

Erwähnenswert ist auch noch ein Telephonat, welches ich abends von jemandem aus Deurne erhielt. Der Mann berichtete, daß er und seine Frau, auf der Suche nach Heilung für ihren schmerzenden Fuß, in ganz Europa herumgereist waren. Die Diagnosen waren unklar und kein Spezialist konnte helfen. Das ging schon seit 20 Jahren so.

Sie hatten am Abend vor dem Anruf den Fuß mit Aluminiumfolie umwickelt und im Laufe des folgenden Tages waren die Schmerzen im Fuß verschwunden. Völlig aufgelöst redete der Mann mit mir über dieses „Wunder“, wie er es bezeichnete und wollte von mir hören, wie so etwas Unbegreifliches zu erklären ist.

Dennoch scheint die Aluminiumfolie auch einen Nachteil zu haben. Von Mellie Uyldert erfuhr ich von negativen Einflüssen des Aluminiums auf die Hirnrinde. Sie meinte, es sei empfehlenswert, andere Energieleiter zu wählen. Daher habe ich Staf Bierynckx gebeten, mit dem Pendel die Energie in geladenen Woll- und Leinenstoffen, Windeln u. a. zu messen. Diese Stoffe nahmen in der gleichen Zeit kaum die Hälfte der Energie auf. Es blcibt zu untersuchen, ob eine längere Einwirkzeit zu höheren Ladungen führt. Dies wird in den nächsten Monaten im „Driefit" in Mol stattfinden, einer alternativen Kureinrichtung, für Menschen, die eine gesunde Ernährung, homöopathische Versorgung und sinnvolle Beschäftigungstherapie suchen. Es ist vorgesehen, auch dort auch eine große Pyramide zur Entspannungstherapie für Interessierte aufzustellen. Hierbei soll dann unter ärztlicher Aufsicht festgestellt werden können, ob es neben der schmerzstillenden auch noch andere Heilwirkungen gibt.

Zwischen Weihnachten und Neujahr 1979 verreisten wir mit einer Gruppe von rund 20 Freunden für fünf Tage nach Herbeumont. Ich habe einige Pyramiden zur Behandlung des zu erwartenden Muskelkaters mitgenommen, da wir Wanderungen über 10 bis 20 km geplant hatten. Bereits am zweiten Tag konnte ich keinen Fuß mehr vor den anderen setzen, mir fehlte einfach das Training. Am Abend stellte ich zwei Pyramiden unter mein Bett; eine in Nabelhöhe, die andere in Höhe meiner Beine. Gleichzeitig wickelte ich mein linkes Bein in Aluminiumfolie. Am folgenden Morgen hatte ich zu meiner Überraschung fast keine steifen Muskeln mehr, und das bißchen Muskelkater, das ich noch am Abend im linken Bein spürte, war verschwunden.

Am nächsten Abend klagte eine Frau aus der Gruppe über Kopfschmerzen und Beschwerden im Knie, einem Überbleibsel eines früheren Unfalls. Ich gab ihr eine aufgeladene Folie, die sie um den Kopf wickelte; nach einer Viertelstunde waren die Schmerzen fort. Dann nahm sie die Folie für das Knie und ging damit zu Bett. Am nächsten Morgen war auch das Knie völlig schmerzfrei.

Der bedeutsamste Vorfall ereignete sich jedoch am nächsten Abend. Herman Van De Poel hatte sich bereits seit 6 Monaten mit einem Bandscheibenvorfall herumgeschleppt. Zeitweise ging es ihm sehr schlecht, doch seit zwei Monaten besserte sich sein Zustand geringfügig. An diesem Abend saßen wir gemütlich beisammen und spielten. Herman stand auf, um eine Schiebetür zu schließen. Auf halbem Weg blieb er stocksteif stehen und bewegte sich nicht mehr. Er wurde kreideweiß und griff mit seiner Hand an den Rücken. Wir waren alle erschrocken und sahen Herman schon für den Rest unseres Kurzurlaubs im Bett liegen. Er schleppte sich in sein Zimmer, während ihm der Schweiß vor Schmerz über das Gesicht lief. Da kein anderes Mittel vorhanden war, brachte ich ihm eine Aluminiumfolie, die ich für mich selbst aufgeladen hatte. Ich legte ihm die Folie auf seinen Rükken und ging dann zu Bett. Am nächsten Morgen hörte ich, daß Herman zur Verwunderung aller Anwesenden nach einer dreiviertel Stunde wieder bei der Gruppe unten war, ohne auch nur den geringsten Schmerz zu haben.

Das gleiche habe ich später noch bei anderen Menschen erlebt. Einmal lernte ich eine Frau kennen, die an einem Tennisarm litt. Von Zeit zu Zeit machte er sich bemerkbar, vor allem beim Großreinemachen, wo viel Schlepperei anfällt. Nun ist ein Tennisarm eine sehr schmerzhafte und schwer zu heilende Angelegenheit. Unlängst sagte sie mir, daß sie die Schmerzen kommen spürte und daraufhin die Aluminiumfolie benutzte. Nach einigen Tagen waren die Schmerzen verschwunden und sie konnte die ganze Woche ohne die geringsten Beschwerden ihren Hausputz durchführen.

In der Firma, in der ich arbeite, gab es einen Kollegen, dessen Mutter an Arthrose und Verkalkung der zervikalen Wirbel oberhalb des Rückgrats litt. Auch hier passierte es wunderbarerweise, daß seine Mutter nach jahrelangen Beschwerden die Schmerzen loswurde. Sie ist der größte Pyramidenfan geworden, und ich habe ihr schon mindestens acht Exemplare besorgen müssen, weil sie ihre ganze Nachbarschaft damit versorgt.

Nun ist Arthrose ein Rheuma, das unter anderem eine Folge von überhöhtem Kaffeegenuß, Fleischverzehr und zu vielen Süßigkeiten ist. Man sollte diese Punkte beherzigen und allmählich zu einer gesünderen Lebensweise und Ernährung gelangen. Kaffee kann problemlos durch Pionierkaffee, Bambu oder Kaffee von Dr. Vogel ersetzt werden, der aus Eicheln, Datteln und anderen gesunden Zutaten hergestellt wird. Der Geschmack entspricht weitgehend dem von echtem Kaffee und man entwickelt keine Abhängigkeit. Auch Kräutertee kann als Ersatz sehr schmackhaft sein.

Seit ich Vorträge über Energie halte, habe ich mir viel Literatur beschafft, um dieses Thema gründlich zu untersuchen. In dem sehr guten Buch "Psychic Powers of Pyramids„ von Bill Schul und Ed Petitt finden sich einige schöne Beispiele für wirkliche Genesungsprozesse, auch bei Tieren.

Ed Petitt geriet während des Baus einer großen Pyramide (4 x 16 Fuß-Basis) mit seiner rechten Hand in eine elektrische Säge. Mehrere Brüche und tiefe Schnittwunden waren die Folge. Schließlich wurde die Spitze seines Mittelfingers schwarz und sollte amputiert werden. Ein ärztlicher Bericht der Klinik beschreibt diese Verletzungen detailliert. Um die Schmerzen zu stillen, legte Petitt seine Hand in eine Pyramide aus hartem Karton. Er machte für fünf Tage später einen Operationstermin aus. Als der Verband entfernt wurde, zeigte sich, daß der schwarze Teil seines Fingers bis auf einen kleinen Fleck wieder rosig gefärbt war und die Operation hinfällig machte. Sechs Wochen später konnte er alle Finger wie früher bewegen. Er bemerkt, daß der Arzt kaum glauben wollte, was er da sah.

Weiterhin beschreibt Petitt ausführlich den Fall einer 52jährigen Frau, die sich ihr linkes Bein gebrochen hatte. Der Arzt sagte eine Genesungszeit von etwa 8 Wochen voraus, bis sie vollständig gesund sei. Ihr Mann fertigte daraufhin eine Pyramide mit einer Öffnung an, wodurch sie das Bein darunter legen konnte, während sie das Bett hütete. Sie fühlte fast keine Schmerzen mehr. Nach zwei Wochen rief sie den Arzt an und fragte, ob sie aufstehen könnte, da sie keine Schmerzen mehr habe. Der Arzt antwortete, daß selbst bei einem Kind ein Bruch nicht so schnell heilen könne. Sie stand dennoch auf und verrichtete ihre Hausarbeit ohne die geringsten Schmerzen. Ein Röntgenphoto, das wenige Wochen später aufgenommen wurde, zeigte keine Spur des Bruches mehr, und der Arzt mußte beide

Photos übereinanderlegen, um überhaupt feststellen zu können, wo das Bein gebrochen war. Weiterhin schreibt er über jemanden, der an Schuppenflechte der rechten Hand und des Halses litt. Jeden Tag verbrachte diese Person einige Stunden in der Pyramide. Die Schuppenflechte der Hand ist verschwunden, am Hals verblieb noch ein schwach roter Fleck, der nicht weiter hinderlich ist.

Er beschreibt auch den Fall eines Hundes, der seine Haare verlor und von Jucken und Rheuma geplagt wurde. Der Besitzer baute eine Pyramide, in der das Tier auch schlafen konnte. Nach einigen Wochen nahm der Haarausfall ab und der Rest des Felles begann wieder schön zu glänzen, während das Tier auch von seinen Rheumaschmerzen befreit wurde.

Experimente auf mentalem Gebiet

Nach den beiden Bereichen Stoff und Ätherisch-Astralem kommen wir nun zum wichtigsten Gebiet, dem Einfluß der Pyramide auf die Psyche des Menschen. Es ist klar, daß diese 3 Ebenen immer ineinander übergehen, und sich das eine auf das andere auswirkt. Daher möchte ich mich beim einen oder anderen Leser dafür entschuldigen, der vielleicht mit der Materie vertraut ist, wenn ich das Thema in der nachfolgenden Weise angehe.

Als mentalen Bereich will ich hier die Träume, Meditation, Telepathie, Telekinese und andere paranormale Gaben betrachten, die in jedem latent vorhanden sind und bei manchen Menschen deutlich erkennbar werden.

Bei diesem Thema muß ich mich größtenteils auf das berufen, was in Heilzentren mit Hilfe von Meßgeräten festgestellt wurde, sowie auf Versuche, die ich aus anderen Büchern übernommen habe. Meine eigenen Erfahrungen sind für mich selbst sehr klar, doch sie lassen sich nicht in meßbaren Werten ausdrücken.

Seit ich Pyramiden unter meinem Bett stehen habe und mich regelmäßig unter meine große Pyramide begebe, ist mir bewußt, daß bestimmte telepathische Übertragungen viel häufiger auftreten als früher. Es ist schwierig, hierfür Beispiele anzuführen, aber dennoch will ich es versuchen. Diejenigen, die schon einmal das gleiche mitgemacht haben, werden ihre Erfahrungen wiederfinden, die anderen können es akzeptieren oder verwerfen, ganz so, wie es ihnen ihr Bewußtsein eingibt.

Einmal bat mich eine Bekannte, eine Pyramide bei jemandem abzugeben, der in einer bestimmten Straße in meiner Nähe wohnte. Sie gab mir als Hausnummer 27 an, doch war sich dessen nicht ganz sicher. Ich fuhr die Straße entlang und stoppte vor Nr. 24. Warum weiß ich nicht. Ich beschloß, in Nr. 24 nach dieser bestimmten Person zu fragen. Als ich läutete öffnete niemand und ich ging zum Wagen zurück. In diesem Augenblick fuhr jemand die Einfahrt hinauf und es schien sich um die betreffende Person zu handeln. Sie wohnte tatsächlich in Nr. 24.

Zwei Elemente sind hierbei merkwürdig: Wäre ich 3 Minuten früher gekommen, hätte ich diese Person nicht angetroffen, und die Tatsache, daß ich einem Impuls folgte, vor Nr. 24 anstelle vor Nr. 27 anzuhalten, 100 Meter weiter auf der anderen Straßenseite. Das wäre vielleicht an sich noch gar nicht so merkwürdig, wenn ich nicht einige Tage vorher etwas Ähnliches erlebt hätte.

Ich mußte für die Firma, bei der ich arbeite, zwei schwere Pakete in Nr. 319 auf einer Straße in Berchem abgeben. Es schüttete wie aus Eimern und nirgendwo war Platz um zu parken. Endlich fand ich ca. 400 Meter weiter eine Stelle. Ich empfand es nicht sonderlich angenehm, nun mit zwei schweren Paketen ohne Regenmantel 400 Meter durch den Regen zu laufen. Ich stieg dennoch aus, nahm meine Pakete aus dem Wagen und ging los. Nach 10 Schritten sah ich zu dem Haus hinüber, an dem ich vorbeiging. Dort hing ein Schild der Firma, zu der ich wollte. Das Haus hatte die Nummer 519. Dadurch, daß ich bei Nr. 319 nicht parken konnte, so genau nehme ich es mit dem Parkverbot auch nicht immer, war ich zum richtigen Haus gelangt.

In der gleichen Woche passierte es mir, daß ich auf dem Flur ein Paket stehen sah und gefühlsmäßig wußte, für wen es bestimmt war, obwohl dafür eigentlich kein Grund vorlag. Bei Nachfragen zeigte sich, daß das Paket tatsächlich für diese Person bestimmt war.

Solche Dinge sind mir früher auch gelegentlich passiert, doch dann vielleicht alle 5 Jahre einmal. Wenn es dreimal in einer Woche passiert, dann fragt man sich doch, was eigentlich los ist.

Und das einzige, das ich als Veränderung in meiner Lebensweise feststellen konnte, war, daß ich seit 2 Wochen Pyramiden unter meinem Bett stehen hatte. Es sind noch andere eigenartige Dinge passiert, doch diese sind zu persönlich, als daß sie in einem Buch beschrieben werden könnten.

Meine Annahme, daß es tatsächlich von den Pyramiden herrührte, wurde zufällig durch einen Brief bestätigt, den ich von Henk Kleinmann von der Arbeitsgruppe Pyramidenenergie aus den Niederlanden erhielt (zufällig auch wieder kurz nach diesen Ereignissen), in dem er mir berichtete, daß er plötzlich durch die Pyramidenenergie paranormal begabt sei.

Ich nehme an, daß er diese Fähigkeit schon lange in sich trug, doch nun ist sie mit Riesenschritten an die Oberfläche gekommen.

Gelegentlich arbeite ich auch einmal mit dem Pendel, mehr aus Spaß als zu irgendeinem ernsthaften Zweck, und ich stellte fest, daß meine kontrollierbaren Ergebnisse wesentlich besser waren, als früher.

Außerdem bemerkte ich, in Zusammenhang mit Arbeiten an diesem Buch, daß ich genau dann den Anruf, die Hilfe, oder die Kontakte bekam, die mir halfen, bestimmte Schwierigkeiten zu lösen, wann immer ich diese dringend benötigte. Und zwar aus den unerwartetsten Ecken, ganz so, als gingen von mir auch telepathische Notsignale aus, die andere dann wieder empfangen.

Ich wiederhole es noch einmal, daß wir uns hier in einem Bereich befinden, in dem nicht in Maßeinheiten oder Normen gerechnet werden kann, sondern den jeder für sich als Wirklichkeit empfinden muß, wenn er es selbst miterlebt hat.

Daher will ich für diejenigen, die ein Bedürfnis danach haben, mit eher greifbaren Beispielen und mit gleichartigen Erfahrungen Anderer fortfahren. „Dann hört man es auch einmal von einem anderen“, würde Toon Hermans sagen.

In den USA ist man auf dem Gebiet der Untersuchung von Extra Sensory Perception (E.S.P.) viel weiter als bei uns. Dort erfolgen die Tests mit Telepathie, Telekinese usw. auf universitärem Niveau.

Es gibt auch Heilungszentren und E.S.P.-Laboratorien, in denen man Messungen und Versuche in diesem Bereich vornimmt.

Im Buch von Max Toth und Greg Nielsen erzählt Joan Ann de Mattia etwas über diese Versuche. Sie scheint mir eine besondere Frau zu sein. Sie arbeitete unter anderem als Koordinator des westlichen Teils der Welt bei den Vorbereitungen für die Erste Internationale Konferenz für Psychotronische Forschung in Prag im Jahre 1973. Sie gibt Unterricht in Gedächtnistraining und Konzentration und leitet Kurse für die Entwicklung der psychischen Fähigkeiten. Sie berichtet, daß sie sich durch die Pyramide viel leistungsfähiger fühlt, besser und konzentrierter unter ihr arbeiten kann, etwas, das ich nur bestätigen kann und auch deutlich erfahren habe.

Weiterhin hat sie eine Reihe von Versuchen mit ihren Studenten auf dem Gebiet der Telepathie in einer großen Pyramide unternommen. Einige der Schüler konnten telepathische Botschaften mit wesentlich mehr Treffern in der Pyramide aussenden und empfangen, als außerhalb.

Sie trainieren sich auch im Empfangen und telepathischen Aussenden von Farben. Die meisten treffen dabei 8 oder 9 von 10 Farben. In der Pyramide ging es allerdings ganz schief. Rot wurde immer als Weiß empfangen und weiß als Rot. Auch Schwarz und Weiß wurden vertauscht.

Ein Student der Telekinese (Gegenstände bewegen, ohne sie zu berühren, also ausschließlich durch Gedanken-Konzentration) wollte einen Versuch mit einer Pyramide zwischen den Beinen unternehmen. Seine Ergebnisse lagen deutlich höher als der Durchschnitt; so konnte er Tennisbälle, Zigarrenschachteln und runde Batterien rasch fortbewegen.

Das erinnert mich an eines meiner eigenen Experimente, wobei ich eine Kegelpyramide an einem sehr feinen Draht aufhänge. Ich muß mindestens eine Stunde warten, bis der Kegel stillhängt und nichts darf sich im Zimmer bewegen.

Durch Gedanken-Konzentration kann man den Kegel bewegen, bis er sich vollständig gedreht hat. Um dies zu kontrollieren, muß man Nummern auf den Rand schreiben, so daß man sehen kann, wenn man wieder am Ausgangspunkt angelangt ist. Den Versuch habe ich mehrfach mit Erfolg wiederholt. Es ist allerdings Vorsicht geboten, um das Experiment objektiv durchzuführen, denn auch wenn nur irgendwo eine Tür geöffnet wird oder jemand durchs Zimmer geht, ist es schon vorbei. Also viel Geduld und Selbstbeherrschung ist erforderlich. Doch das ist an sich schon eine gute Übung.

In „The Guide to Pyramid Energy" wird beschrieben, wie man mit sehr empfindlichem Bio-Feedback die Alpha- und Betawellen bei der Meditation messen kann. Die Gehirnaktivität erzeugt elektrische Impulse, die man unterteilt in:

Betawellen (ca. 14 bis 28 Zyklen je Sekunde)
Thetawellen (ca. 4 bis 7 Zyklen je Sekunde)
Deltawellen (ca. 0,5 bis 5 Zyklen je Sekunde)

Wenn man das Alphastadium erreicht, ist man ganz entspannt und ruhig. Dieses Stadium kann man durch transzendente Meditation erreichen.

Um den Unterschied messen zu können, werden Elektroden eines Elektro-Enzephalographen am Kopf eines trainierten Meditators befestigt. Zunächst außerhalb der Pyramide, dann darunter. Die Messung erstreckte sich von der Anlaufzeit bis zur Tiefe der Meditation. Hierbei wurden immer wichtige Veränderungen gemessen. Es dauert nur 30 bis 45 Sekunden, bevor es zu der Veränderung kommt. Man hat die Versuche auch blind durchgeführt, die Pyramiden über den Kopf des Mannes gehängt und geräuschlos entfernt, so daß es keine Beeinflussung gab. Die Ergebnisse waren die gleichen. Einige Mitglieder von Omniscienta haben mir schon spontan geschrieben, daß sie rascher in den Meditationszustand gelangen und eine tiefere Meditation erfahren. Um es mit den Worten von Johny Vandereyken zu sagen, der mit schrieb: „Tiefe Meditation, fit sein und ausgeruht, bessere Meditationen mit Augenblicken klaren Bewußtseins". Er sitzt hierfür unter einem niedrigen Dach, auf dem die Pyramide steht.

Heide van Lier, die eine spezielle Art der Dreiecksmeditation zusammen mit anderen praktiziert, schreibt, daß sich die Konzentration rascher erhöht und man leichter Kontakt zu den Mit-Meditierenden aufnimmt. Ich selbst meditiere nicht, oder noch nicht, doch spüre ich, daß es mir beim Ausruhen unter der Pyramide leichter im Kopf wird, zu vergleichen mit einer leichten Benommenheit, doch sehr angenehm. Es ziehen auch sehr feine Strömungen durch meinen Körper, bis in die Unterschenkel, und nach 20 Minuten fühlt man sich pudelwohl.

Kinder sitzen gern unter der Pyramide und beschreiben meist unabhängig voneinander diese Strömungen.

Gedanken und Wunscheingebungen scheinen unter der Pyramide besser zu funktionieren. Das heißt, daß man einen Wunsch aufschreibt, den Brief unter die Pyramide legt und vielleicht neun Tage dort liegen läßt. Hierbei stellt man sich täglich vor die Pyramide und meditiert oder konzentriert sich auf den Wunsch. Nach neun Tagen verbrennt man das Papier.

Diese Übungen machte man in einem ESP-Labor einer psychischen Forschungseinrichtung in Los Angeles. Den dortigen Forschern zufolge funktioniert es auch mit Lotteriebriefen.

Ich bin bei der Lektüre dieser Beschreibung sofort hingegangen und habe mir ein Los einer Lotterie gekauft (das zweite in 40 Jahren), um es unter die Pyramide zu legen und die Probe aufs Exempel zu machen.

Wahrscheinlich haben die Kräfte, die für die Erfüllung des Wunsches zu sorgen haben, geglaubt, jemand anderes könnte mehr Freude daran haben, denn bei mir war es nichts.

Ich habe dennoch dadurch gewonnen, indem ich nochmals die Bestätigung dafür erhielt, daß man einfach geschehen lassen muß, was geschieht und nicht selbst versucht, den Umständen zu entkommen oder sie zu beeinflussen. Die tiefe Überzeugung von dieser Wahrheit, das Wissen, daß alles seinen Sinn hat und seine Bedeutung, und dies auch als solches akzeptieren zu können, ist mehr wert als der höchste Lotteriegewinn.

In „Psychic Power of Pyramids" wird ein Test beschrieben, der mit psychisch gestörten Kindern unternommen wurde. Man hat diese Kinder unter besonderer Leitung für 4 – 6 Monate in ein spezielles Haus gebracht, wo sie ein wenig zur Ruhe kommen konnten. Jemand kam auf die Idee, in die Zimmer dieser Kinder Pyramiden zu stellen.

Es zeigte sich, daß der Zeitraum von 4 bis 6 Monaten auf die Hälfte reduziert werden konnte. Manche Kinder reagierten außerordentlich günstig auf die Pyramidenenergie und fanden rasch ihr Gleichgewicht wieder.

Ein schönes Beispiel dafür kam mir von einen Bekannten zu Ohren, der Besuch erhielt mit einem Kind, das schon seit einigen Wochen des Nachts zu weinen anfing. Er erzählte ihnen von der Pyramide, und sie stellten eine unter das Bett des Kindes. Nach nur einer einzigen Nacht wurde das Kind ruhig und seither schläft es die ganze Nacht durch.

Persönlich halte ich diese Vorgehensweise für nicht gut. Wenn ein Kind in der Nacht weint, kann auch mehr als nur der Wunsch nach Aufmerksamkeit dahinterstehen. Man darf dann nicht gleich nach einem Mittel suchen, um das Weinen abzustellen, sondern sollte versuchen, die Ursache zu finden. Am besten geht man in diesem Fall zu einem Homöopathen, der sicher Rat weiß und auch wirklich hilft.

Henk Kleinmann aus den Niederlanden glaubt, daß über die Pyramide Informationen aus dem Kosmos nachts im Unterbewußtsein gespeichert werden, und daß diese Informationen früher oder später zum Vorschein kommen. Daher die Stimulation paranormaler Eigenschaften. Eine andere eigenartige Erscheinung hat Frans Theuwis beobachtet, der glaubt, daß es eine Wechselwirkung zwischen 2 Pyramiden gibt.

Er stellte ein Meersalz-Wasser-Lösung in die eine Pyramide und ein anderes mit gewöhnlichem Wasser in eine weitere Pyramide daneben. Nach einiger Zeit war das Salz von der einen Pyramide auf das Wasser der anderen übergegangen, so daß auch dieses Wasser salzig schmeckte. Ich bin selbst mit diesem Versuch beschäftigt, und werde demnächst feststellen können, was daran ist. Er vermutet sogar, daß die Übertragung all der Partikel im Wasser nacheinander erfolgt, nämlich Stoff nach Stoff, also nicht alle Mineralien gleichzeitig, sondern zuerst das Kupfer, dann das Salz, dann die anderen Stoffe, jeder für sich. Diese Forschungen sind auf Laborebene in vollem Gange.

Ich habe verschieden Kontakte zu Universitäten in Belgien, und wenn wir einmal soweit sind, daß die Energie in ausreichendem Maße bewiesen sein wird, dann können diese Versuche auch richtig weitergeführt werden. Alle heiligen Orte auf dieser Erde, wie Stonehenge, Findhorn, Lourdes und andere scheinen durch unsichtbare Meridiane miteinander verbunden zu sein, so wie in einem menschlichen Körper die Akupunkturstellen (Kraftpunkte) ebenfalls durch Meridiane miteinander verbunden sind. Theuwis aus den Niederlanden erwägt sogar Übertragung von Energie, die über die ganze Welt verteilt ist, auch die Ihre und die meine. Wenn die Pyramiden dicht genug zusammenstehen, erfolgt eine buchstäbliche Übertragung der Energie zwischen dem Einen und dem Anderen. So wird dann Materie, die letztendlich nur verdichtete Energie ist, gewöhnlich transportiert.

Was denkt die Schulwissenschaft darüber?

Es ist ein Erlebnis für sich, mit einigen dieser Topwissenschaftler zu sprechen.

Vor allem dann, wenn man 4 Jahre lang mit eigenen Augen eine Reihe von Dingen hat feststellen können und dann von Erfahrungen einiger hundert anderer Menschen gehört hat.

Dann sind Dinge wie Pyramidenenergie eine Tatsache.

Ebensogut eine Tatsache, wie man feststellen kann, daß mit einem Aspirin in 9 von 10 Fällen die Kopfschmerzen wieder verschwinden (ohne deshalb zu behaupten, daß dies das angezeigte Mittel ist). Wissenschaftler auf hohem Niveau sind Bevorrechtigte, die täglich all das zur Kenntnis nehmen können, was so auf der Welt publiziert wird. Sie stellen täglich fest, daß neue Dinge entdeckt werden, von denen man gestern noch keine Ahnung hatte, doch die es schon seit Jahrtausenden gibt.

Wenn man dann naiv genug ist, wie ich, nimmt man an, daß es gerade diese Menschen sein müßten, die neuen Dingen offen gegenüber stehen, weil sie wissen, daß es noch so manches zu entdecken gibt. Nichts wäre weniger richtig. Sobald man auf ein Gebiet kommt, das außerhalb ihres Fachbereiches liegt, stößt man bei ihnen auf blockierende Skepsis. Hiermit meine ich, daß sie durch eine Art intellektuellen Anspruch befangen, nicht in der Lage sind, sich vorzustellen, daß es noch etwas anderes gibt als das, was sie kennen und wissen. Skepsis ist von großer Bedeutung, doch sie muß stimulierend wirken können, und das ist bei der übergroßen Mehrheit der Wissenschaftler nicht der Fall. Schlimmer noch, sich auf ihr Ansehen stützend, auf ihr Fachgebiet, wagen es manche, in der Öffentlichkeit, z. B. über den Rundfunk, zu behaupten, es gäbe keine Pyramidenenergie, beziehungsweise keinen einzigen wissenschaftlichen Grund, deren Existenz anzunehmen. Unter anderem, weil in ihrer Fachliteratur nichts darüber geschrieben steht. Und das wird auch so bleiben, solange sie es nicht wagen, sich mit diesem Thema ernsthaft zu beschäftigen und damit zu experimentieren.

Aus Höflichkeit und Ehrfurcht vor jeder Inkarnation hier auf Erden will ich an dieser Stelle lediglich die Initialen der Personen nennen, die mir zu dieser Erfahrung verhalfen.

Prof. V. von der Reichsuniversität Gent gab u. a. die oben genannte Erklärung im Rundfunk ab, obwohl er noch nicht einen einzigen Pyramiden-Versuch unternommen hatte. Als ich ihn in dieser Angelegenheit anrief, war er höchst erstaunt, daß in bestimmten Büchern Berichte amerikanischer Universitäten zu diesem Thema publiziert worden waren. Er hatte seine Erklärung auf die Kenntnis der Naturwissenschaften gestützt und geglaubt, sagen zu müssen, das es Pyramidenenergie nicht gibt. Er vergißt, daß es noch andere Gesetze gibt, deren er sich nicht bewußt ist. Schließlich war er doch noch gerne bereit, einen Versuch zu unternehmen, wenn ich ihm eine Pyramide besorgen würde.

Ich weiß, daß Pyramidenenergie bereits mit einem Spezial-Photometer gemessen wurde. Die Pyramide absorbiert im Bereich der ultravioletten Strahlung zehnmal mehr Energie als ein Kubus.

Das wurde bereits von einem aufgeschlossenen Ingenieur irgendwo in Europa festgestellt. Weshalb bleibe ich hier so vage? Weil dieser Versuch ohne Wissen der Behörde geschah, die die dazu verwendeten Meßgeräte verwaltet. Ich habe mich an ein Direktionsmitglied des Studienzentrums für Kernenergie in Mol, Belgien, gewandt, eine Art Annex bei Euratom, um einen Versuch auf einem gleichen Meßgerät zu erbitten, das zur dortigen

Ausrüstung gehört. Es ist sehr einfach einen Kubus und eine Pyramide auszumessen. In einer halben Stunde ist alles erledigt. Würden sie es tun, könnte endlich etwas veröffentlicht werden, wodurch z. B. in medizinischen Kreisen Versuche in Gang gebracht werden könnten.

Ich war sogar bereit, die Kosten dafür zu tragen, obschon diese Einrichtung zum „Nutzen" der Allgemeinheit errichtet wurde, und zwar mit dem Geld der Allgemeinheit, also auch mit dem meinigen. Das einzige, was ich erreichte, war nicht ihre Mithilfe, sondern ihr Gelächter. Ich stieß auf eine unglaubliche Beschränktheit ihres Vorstellungsvermögens. Für mich ist ihre Weigerung nur ein weiterer Ansporn, um nach anderen Wegen zu suchen, die uns, wenn es so sein soll, schließlich doch noch an unser Ziel führen. Glücklicherweise gibt es auch Gelehrte mit anderer Einstellung, wie etwa einen Professor an der Universität Leuven, der neben seiner Verwunderung auch zum Ausdruck brachte, daß wir trotz allem mit unserer Forschung fortfahren sollen.

Er hat mit einer Versuchsreihe bei sich zu Hause begonnen, um sich ein Bild darüber machen zu können, ob tatsächlich etwas dran ist. Wenn dies seinen Maßstäben zufolge so ist, dann wird er versuchen, die Universität selbst einzuschalten. Dieser Mann, vor dem ich den größten Respekt habe, ist nicht irgendeiner, denn in seinem Gebiet ist er eine Autorität auf europäischem Niveau. Auch an der Freien Universität Brüssel gibt es einen Assistenten, der aus gesunder Neugierde heraus mit Versuchen begonnen hat. Aus meinen Kontakten zu niederländischen Gleichgesinnten weiß ich, daß die Lage dort nicht viel anders ist. Zwei Gelehrte sind auszumachen, Professor Schmid und sein Kollege Professor Kreyger von der Universität Eindhoven.

Professor Schmid interessiert sich vor allem für die Architektur und das Wohnen in einer Pyramide. Er besucht regelmäßig mit einer Gruppe von Studenten das Pyramidenhaus, das irgendwo in Belgien von einem unermüdlichen Pionier errichtet wurde. Beschreibungen hiervon und Erfahrungen damit finden

Klinge Nr. 6
nach dem Verbleib unter einer Stahlpyramide mit „richtiger" Stellung (rechte Hälfte)
40fache Vergrößerung
(d = 0,9 mm)

Klinge Nr. 6
nach dem Verbleib unter einer Stahlpyramide in „unrichtiger" Stellung (linke Hälfte)
40mal (d = 1,3 mm)

Klinge Nr. 6
künstlich stumpf gemacht vor Ablage unter der Stahlpyramide
(rechte Hälfte)
40fache Vergrößerung
(d = 1,2 bis 1,3 mm)

Sie in diesem Buch. Den Ort will ich lieber nicht nennen, da dem Bewohner nichts an einem Strom neugieriger Besucher liegt. Ich kann Ihnen allerdings sagen, daß dort eine nicht zu beschreibende Ruhe und Harmonie herrscht, eine fast fühlbare Stille.

Professor Kreyger beschäftigt sich vor allem mit Untersuchungen von Materialien, die für den Bau von Wohnhäusern zu gebrauchen sind. Er ist derjenige, der die meisten Versuche unternommen hat und im Jahre 1973 an dem oben genannten Kongreß teilnahm. Er konnte mit Karl Derbal sprechen und entschloß sich damals, selbst das Rasierklingen-Experiment zu überwachen. Er machte neue Rasierklingen stumpf und legte sie unter Pyramiden, die aus 8 verschiedenen Materialien hergestellt worden waren. Aus einer dieser Materialien machte er sogar Pyramiden unterschiedlicher Höhe.

Seine Ergebnisse, unter dem Mikroskop kontrolliert, bestätigten voll und ganz die Theorie von Derbal. Die Klingen sind wieder scharf.

Er wollte auch andere Versuche unternehmen, z. B. mit Dehydration. Doch weil das Gebäude ziemlich viel Metall enthält, möchte er den Versuch gerne unter freiem Himmel vornehmen. Doch dort gibt es das Problem der thermischen Veränderungen; das muß ausgeschaltet werden. Da er zu diesem Zeitpunkt einen wichtigen Staatsauftrag erhielt, mußte er seine Forschungen einstellen.

Wie er mir erzählte, beabsichtigt er eine wissenschaftliche Veröffentlichung herauszugeben, sobald er sich auch eine Theorie hat erarbeiten können.

Durch andere Umstände dazu veranlaßt, hat er Forschungen hinsichtlich des Einflusses der Pyramide auf den Menschen unternommen.

Er wollte die Architekturstudenten von der Energie der Pyramide überzeugen, um einige von ihnen zu veranlassen, hier weiter zu forschen.

Nun ja, sogar ein Professor hat es manchmal schwer, andere zu überzeugen, daher schlug er vor, die Probe aufs Exempel zu

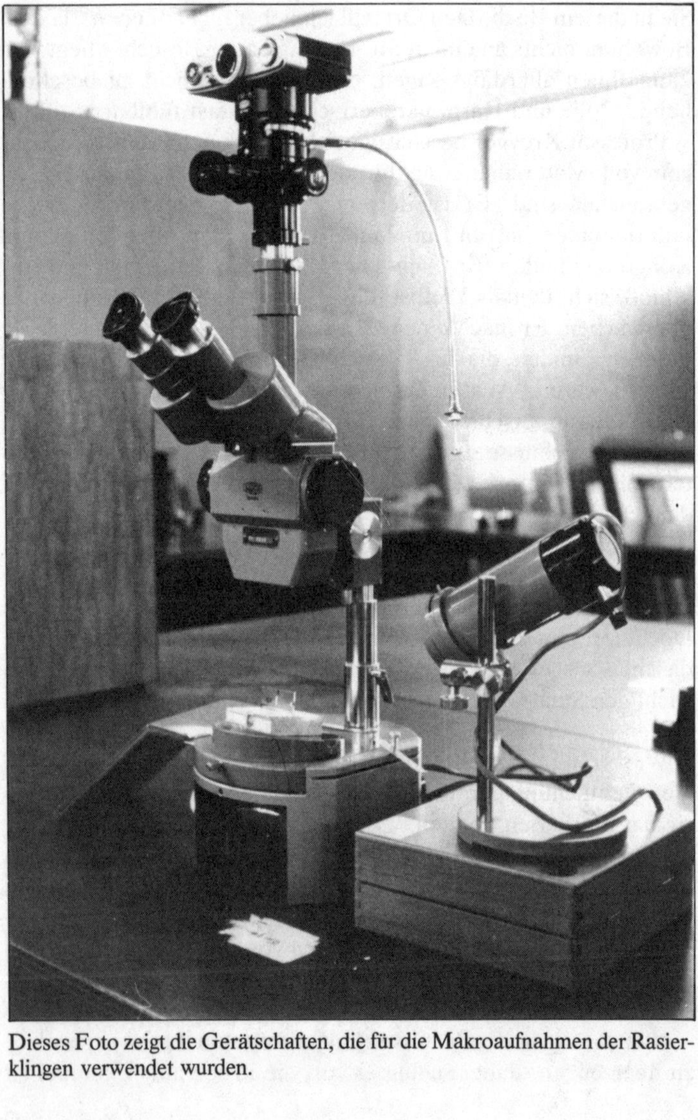

Dieses Foto zeigt die Gerätschaften, die für die Makroaufnahmen der Rasierklingen verwendet wurden.

machen. Er nahm einen Mann zu Hilfe, der mit einem Lügendetektor arbeiten konnte, und jemanden, der auf die Arbeit mit einem Akupunktur-Meßgerät spezialisiert war.

Die Ergebnisse waren unerwartet und widersprachen einander auf den ersten Blick, weil die eine Person nachher mehr Energie zu haben schien und die andere weniger. Das war jedoch für Akupunkturspezialisten nichts Besonderes, weil beide Personen auf dem Energiebereich einander entgegengesetzt waren. Die Pyramidenenergie lud also den einen auf und den anderen ab. Das gleiche Phänomen habe ich schon bei vier Personen erlebt, die mit einer Pyramide unter ihrem Bett überhaupt nicht mehr schliefen. Meine Mutter machte in der ersten Nacht kein Auge zu. In der folgenden Nacht jedoch schlief sie prächtig. Als sie Urlaub machte, ohne Pyramide, hatte sie wieder die alten Schwierigkeiten.

Beschreibung des Experiments mit Rasierklingen, ausgeführt von Professor Ing. P.C. Kreyger von der Universität Eindhoven. Um das Patent Nr. 91304, ausgestellt auf Karl Derbal, zu verifizieren, wurde von Professor Ing. P. C. Kreyger ein ausführliches Experiment vorgenommen.

Über dieses wurde ein vorläufiger Bericht angefertigt, der noch durch andere Untersuchungen im Zusammenhang mit Pyramiden vervollständigt werden muß und auf den dann wahrscheinlich eine wissenschaftliche Veröffentlichung folgt.

Beschreibung des Versuchs:

Pyramiden nach dem Cheops-Modell
8 Materialien wurden getestet

	äußere Höhe (mm)	Plattenstärke (mm)	Verbindung
Nr. 1 Glas	303	4,1 – 4,8	geleimt + Plastikband
Nr. 2 Perspex	308	4,8	geleimt
Nr. 3 Aluminium	306	2	geschweißt
Nr. 4 Triplex	310	5,8	geleimt
Nr. 5 Tempex	343	25	geleimt
Nr. 6 Stahl	303	2	Stahl geschweißt
Nr. 7 Karton	307	4	geleimt
Nr. 8 Kupfer	304	2	Kupfer geschweißt
Nr. 9 Karton	158	4	geleimt

Verwendete Klingen: „Star Crusteel Single Edge."

Zwei Aufstellungen der Pyramide wurden gewählt:

1. gerichtet auf den magnetischen Norden, mit der Basis.
2. 45 Grad Abweichung, so daß die Diagonale Richtung Norden stand.

12 Klingen wurden künstlich stumpf gemacht, indem sie aufrecht stehend mit der Schnittfläche an einem Wetzstein gerieben wurden, auf einer Länge von ca. 5 cm. Photos wurden von der Aufsicht der Schnittfläche gemacht und 40-fach vergrößert, Photos von der Vorderansicht wurden 6,3mal vergrößert. Hierfür benutzte man ein Mikroskop Olympus Type XTr, Kleinbildkamera Olympus Type PM-6, Belichtungsmesser Typ BLM Olympus.

Der Versuch selbst: Die Messer wurden in der Pyramide auf einen Holzblock gelegt, mit der Schnittfläche in Nord-Süd-Ausrichtung, und zwar für die Dauer von 10 Tagen. Die Pyramiden wurden falsch aufgestellt, auf der Diagonalen Nord-Süd. Die Klingen wurden erneut photographiert und es wurde keine einzige Veränderung festgestellt.

Anschließend wurden sie für 7 Tage wieder unter die Pyramide gelegt, die dieses Mal in Richtung des geographischen Nordens aufgestellt wurde, mit Hilfe einer der Grundlinien.

Nach 7 Tagen wurden sie erneut photographiert und da zeigte sich in der Tat in einer Reihe von Fällen, daß diese Plazierung zu einer deutlichen Schärfung geführt hatte, entsprechend der unten stehenden Tabelle.

		Schnittflächenbreite in der Mitte aus 40fach vergrößertem Photo (in mm)		
Nr.	Material	Pyramide falsche Stellung	Pyramide richtige Stellung	Verschärfung
1	Glas	1,1	1,0 – 1,1	keine
2	Perspex	1,4	0,9	deutlich
3	Aluminium	1,2	1,1 – 1,2	kaum
4	Holz (Triplex)	1,0	0,8	einige
5	Tempex	1,5	1,1	deutlich
6	Stahl	1,3	0,4	deutlich
7	Karton (30cm hoch)	1,4 – 1,6	1,3	einige
8	Kupfer	1,0 – 1,1	0,9	einige
9	Karton (15cm hoch)	1,4	1,4	keine
10	ohne Pyramide	1,0 – 2,0	1,9 – 2,0	keine

Die Erkenntnisse des Professors lassen sich wie folgt formulieren: Die Rasierklingen aus den falsch ausgerichteten Pyramiden ließen mikroskopisch betrachtet keine Veränderung erkennen.

Hinsichtlich der Pyramiden, die richtig nach dem magnetischen Norden ausgerichtet waren:

Glas: kein Ergebnis, ebensowenig Karton von 15 cm Höhe.

Aluminium: die Möglichkeit muß noch offengelassen werden.

Holz, Karton (30 cm Höhe), Kupfer: etwas deutlichere Veränderung.

Stahl, Tempex, Perspex: eine sehr deutliche Veränderung feststellbar.

Allgemeine Feststellung mit den Worten des Professors selbst:

Verifiziert wurde das tschechische Patent Nr. 91304, das sich auf das Schärfen von durch Rasieren stumpf gewordenen Rasierklingen durch Plazierung in den Schwerpunkt (1/3 Höhe) eines Kartonmodells der Pyramide von Cheops bezieht, wobei sowohl die Längsrichtung der Klingen als auch die Fläche durch Spitze und Mitte der quadratischen Grundfläche, entsprechend der magnetischen N-S-Richtung plaziert wurde.

Dieser Effekt scheint tatsächlich vorhanden zu sein, wobei das Material der Pyramide von Bedeutung sein könnte.

Der deutlichste Einfluß wurde bei der Voruntersuchung an den Pyramiden aus Stahl und Tempex festgestellt. Bei den Pyramiden aus Perspex, Holz, Kupfer, Karton (Höhe 30 cm) war eine Verschärfung zwar vorhanden, doch weniger klar, bei den Pyramiden aus Aluminium war vielleicht von einiger Verschärfung zu sprechen, während bei den Pyramiden aus Glas und Karton (15 cm Höhe) keine Veränderung der Schnittflächen festgestellt werden konnte.

Die Untersuchung wird fortgesetzt.

Labor Materialkunde, Abt. Baukunde
Professor Ing. P. C. Kreyger

Ein Mediziner arbeitet mit Pyramidenenergie

Ein befreundeter Mediziner, der neben seiner speziellen Ausbildung und nach Jahren der Praxis zu der Einsicht gelangt ist, daß ein Mensch nicht nur aus einem stofflichen Körper besteht, hat sich bereit erklärt, die Auswirkungen der Pyramidenenergie auf den Menschen zu untersuchen.

Damit ihm seitens von Kollegen oder Einrichtungen, die mit ihm nicht konform gehen, keine Nachteile entstehen, möchte ich seinen Namen nicht nennen. Es werden bessere Zeiten kommen, doch soweit sind wir heute noch nicht.

Dieser Arzt wurde von seinen Kindern zu einer philosophischeren Einstellung und zu mehr Interesse für Meditation und andere stärker geistig orientierte Arten der Heilung gebracht. Ich habe die Freude gehabt, mit ihm in einigen Arbeitsgruppen zusammen zu studieren; so habe ich ihn kennen und, seiner Klugheit und kosmischen Einsicht wegen, schätzen gelernt.

Die Anwendungen, mit denen er erst seit einigen Monaten beschäftigt ist, sind hoffnungsvoll und beziehen sich auf 17 Patienten; bei 14 dieser Patienten war ein günstiges Ergebnis spürbar, bei den anderen 3 war der Effekt gleich Null.

Im Telegrammstil will ich diese Fälle darstellen. Mir ist voll und ganz bewußt, daß ein Pyramiden-Buch in dieser Zeit niemals vollständig ist, weil sich alles lediglich im Anfangsstadium befindet. Und selbst wenn ich sein Erscheinen noch ein Jahr hinausschieben müßte, kämen wahrscheinlich noch im allerletzten

Moment neue Ideen und Anwendungen hinzu. Daher haben wir uns entschlossen, das niederzuschreiben, was bis jetzt bekannt ist und innerhalb von einigen Jahren vielleicht ein neues Buch mit der weiteren Entwicklung zu verfassen.

Behandlungsberichte

Patient A. V. B. – geboren 1945

Beschwerden:	Aufregung, Angst.
Behandlung:	Ruhen auf Bett über einer Pyramide mit der Spitze auf einem Punkt 2 cm unter dem Nabel ausgerichtet.
Dauer:	25 Minuten.
Effekt:	vollständig beruhigt nach 1 Behandlung.
Weitere	Behandlung: 4 x im Abstand von einer Woche.
Effekt:	Ängste kehrten nicht wieder zurück.

Patient I. E. – weiblich – geboren 1904

Beschwerden:	Schwellung der Unterschenkel, nächtliche Schmerzen. Mutlos, apathisch, ohne Reaktion, konnte nicht weiter als 20 Meter laufen, Bürgersche Krankheit.
Behandlung:	einmal Ruhebett, darunter 4 Pyramiden (20 cm)
Plazierung:	1) Kopf 2) Herz 3) Hara (Chakra) 4) Unterschenkel
Dauer:	40 Minuten am 11.4.80
Wiederholung:	40 Minuten am 12.4.80
Effekt:	kann nach der 2. Behandlung bereits 300 Meter weit gehen.

Patient I. H. – weiblich – geboren 1957

Beschwerden:	Steifheit im Nacken durch Stress und Ärger.
Behandlung:	Sitzen auf einem Stuhl (mit Lehne) über einer Pyramide (20 cm).
Dauer:	40 Minuten, zweimal mit 3 Tagen Pause dazwischen.
Effekt:	vollkommen beschwerdefrei.

Patient M. H. – weiblich – geboren 1919

Beschwerden:	Schwäche nach Operation und Bestrahlungen.
Behandlung:	Ruhebett über 4 Pyramiden
Dauer:	30 Minuten am 6.2., 9.3. und 24.4.80.
Effekt:	fühlte sich jedesmal nach der Behandlung besser; ist nun beschwerdefrei.

Patient M. L. – weiblich – geboren 1925

Beschwerden:	Kanerophobie (lähmende Angst), Angst vor Operation und möglichem Anus praeter (künstlicher Ausgang).
Behandlung vor der Operation:	Dauer einmal 30 Minuten jede Woche (3 Wochen lang) Ruhebett über Pyramide 1. übers Hara (Chakra) 2. über die Geschwulst
Effekt:	vollständig, aber wirklich vollständig ruhig.
Behandlung nach Operation:	klagt darüber, daß die gleiche Angst wiedergekehrt ist.
Dauer:	einmal 30 Minuten über 4 Pyramiden.
Effekt:	vollständig normal und von Streß befreit.

Patient E. L. – weiblich – geboren 1920

Beschwerden:	Angst bezüglich Gesundheit, starke Hüftarthrose.

Nebenerscheinung: ungestüme Gebärden.
Behandlung: Ruhebett über 4 Pyramiden
Dauer: 30 Minuten.
Effekt: beim erstenmal am 6.2. keiner.
beim zweitenmal am 11.4. Besserung.
Behandlung wird fortgesetzt.

Patient M. M. – weiblich – geboren 1933
Beschwerden: dauernde Muskelsteifheit in Nacken und Schultern.
Behandlung: Ruhebett über 2 Pyramiden.
1. unter dem Nacken
2. unter das Hara.
Wirkung: geheilt nach dem zweiten Mal (13.3. und 17.3.).

Patient A. M. – weiblich – geboren 1922
Beschwerden: Streß, Schlaflosigkeit.
Behandlung: Ruhebett in großer offener Pyramide der Punkt über dem Brustbein (30-40 Minuten)
Effekt: beim erstenmal für 2 bis 4 Tage genesen. Nach 4 Behandlungen dauerhaft bis heute genesen.

Patient T. M. – weiblich – 1954
Beschwerden: Nervosität, Diarrhöe, tagsüber Angstzustände.
Behandlung: a) Ruhebett über 4 Pyramiden 2x30 Minuten
b) Liegesessel unter großer Pyramide Spitze über das Hara (30 Minuten).
Effekt: fühlt sich entspannt, hat wohltuenden Einfluß verspürt, der 1 bis 3 Tage anhält.

Patient M. R. – weiblich – geboren 1908

Beschwerden:	Ohrensausen, Blutdruck 170 – 110 1/2
Behandlung:	Liegebett über 4 Pyramiden (30 Minuten)
Effekt:	sehr deutliche Verbesserung des Blutdrucks (150 – 100) und Ohrensausens (19.3. und 15.4.)

Patient: N. V. – weiblich – geboren 1921

Beschwerden:	rasche Ermüdung, Schlaflosigkeit, kalte Extremitäten (Hände und Füße)
Behandlung:	Ruhebett über 5 Pyramiden (von Kopf bis Fuß) für die Dauer von 30-40 Minuten.
Effekt:	schläft sofort, verbesserte Durchblutung, doch bekommt Kopfschmerzen (zehnmal wiederholt).

Patient G. V. – weiblich – geboren 1952

Beschwerden:	müde und nervös.
Behandlung	a) Ruhebett über Pyramiden – 30 Minuten.
Wirkung:	wird noch nervöser, steigender Blutdruck.
	b) Ruhebett in großer Pyramide, Punkt über Sternum (Brustbein) – 30 Minuten.
Effekt:	wird euphorisch, harmonisch und fühlt sich gut, Abnahme der Aufregung.

Patient G. S. – weiblich – geboren 1926

Beschwerden:	müde Beine, Menopause + Blutungen.
Behandlung:	Liegesessel unter großer Pyramide (30 Minuten).
Effekt:	vollkommen ausgeruht und fit (19.3. und 2.5.).

Patient A. V. – weiblich – geboren 1951

Beschwerden:	fortwährendes Prickeln in den Fingern, nervös.

Behandlung: Liegebett über 4 Pyramiden (30 Minuten). Zweimal (6.4. und 26.4.).
Effekt: ausgeruht, euphorisch und ruhig.

Hier nun einige Fälle, die noch zu keinem Ergebnis geführt haben.

Patient N. S. – weiblich – geboren 1936
Beschwerden: Migräne.
Behandlung: in großer Pyramide, Kopf auf 1/3 der Höhe vom Boden (30 Minuten)
Effekt: keiner
Bemerkung des Autor: Der gleiche Versuch müßte bei 2/3 der Höhe mit größeren Chancen wiederholt werden; ich selbst habe es bei einem Nachbarjungen in meiner Pyramide festgestellt.

Patient N. V. – weiblich – geboren 1921
Beschwerden: Arthrose, Nackenwirbel knirschen, Schmerz.
Behandlung: wie oben.
Effekt: keiner.
Bemerkung des Autors: Ein Patient mit gleichen Beschwerden erklärte, schmerzfrei zu sein, auch das Knirschen im Nacken verschwand nach Behandlung mit aufgeladener Aluminiumfolie, die ebenfalls in 2/3 der Höhe in einer kleinen Pyramide aufgeladen worden war.

Patient M. G. – weiblich – geboren 1932
Beschwerden: Migräne.
Behandlung: Ruhebett über 4 Pyramiden (30 Minuten), zweimal mit einem Monat Pause.
Effekt: keiner.
Bemerkung des Autors: Das ist tatsächlich eine Erscheinung, die vorkommen kann. Jemand, der bereits viel Energie von der Art hat, wie sie aus der Spitze steigt, wird noch zusätzlich gepeinigt.

Die Energie jedoch, die in der Pyramide herrscht oder darunter, ist entgegengesetzt und bringt dann wieder das Gleichgewicht. Dadurch können einige Menschen auch nicht über einer Pyramide schlafen.

Nun sind solche Effekte nicht nur bei Menschen zu beobachten, sondern auch bei Tieren. Bei einem Vortrag in Mechelen erzählte jemand von einem Hund, der in jener Nacht werfen sollte. Das Tier jaulte die ganze Nacht, der Eigentümer hatte Mitleid mit ihm und wickelte eine aufgeladene Aluminiumfolie um den Bauch des Tieres. Das Tier wurde ruhig und hat die ganze Nacht über gut geschlafen. Die Geburt verlief ohne die geringste Mühe und ohne vernehmbaren Schmerz.

Im Buch „Psychic Power of Pyramids" wird von einer Art Genesungsort für kranke Pferde gesprochen, die dort 2 bis 6 Monate nach einem medizinischen Eingriff oder einer Krankheit bleiben. Auf Bitten des Eigentümers wurden Pyramiden über die Futtertröge gehängt. Die Pferde konnten im Schnitt nach der Hälfte der Zeit wieder nach Hause. Jemand schrieb mir, daß er mit einer Pyramide unter einem Stuhl experimentierte. In dieser Zeit wurde seine Katze krank. Das Tier suchte, einem Instinkt folgend, diesen Stuhl auf, um sich darauf zu legen und war am nächsten Tag wieder gesund.

Wirkt es denn immer und bei allem?

Nein, es sind mir Fälle von Rheuma bekannt, wo es zu keiner Besserung kam, hier weiß ich jedoch nicht, ob die Pyramide gut ausgerichtet war.

Ein Fall von Nackenschmerzen nach einem Auffahrunfall, auch „Kaninchenschlag" oder „Whip Lash" genannt, verzeichnete keine Besserung, auch nicht nach Wiederholung der Versuche.

Schmerzen im Knie als Folge einer früheren Operation gingen bei einem Mann nicht weg, bei einem anderen sehr wohl. Es gab auch einige Fälle chronischer Migräne, die mit Aluminiumfolie auch nicht die geringste Besserung verspürten. Es wäre der Mühe wert, einmal auszuprobieren, ob Aluminium über der Pyramide hier Linderung bringen würde. Alles Dinge, die noch erforscht werden müssen. Wahrscheinlich hat dies nicht nur mit der Art der Energie zu tun, sondern auch mit der Empfindlichkeit der fraglichen Person.

Die Zahlenmystik und die Pyramide

So, wie die Sternzeichen, die Farben und die Noten der Tonleiter jeweils in ihrem Bereich Ausdruck des gleichen Lebensprinzips sind, so ist es auch – und in hohem Maße – mit der Zahlensymbolik. Das Geheimnis der Zahlenwerte wird in der Kabbala wiedergegeben. Durch Addition der Ziffern Ihres Geburtsdatums kann jemand, der in die Zahlenlehre eingeweiht ist, eine vollständige Beschreibung der wichtigsten Punkte des Charakters angeben. Auch die Buchstaben des Namens haben einen bestimmten Zahlenwert, der den Charakter widerspiegelt. Der Name, den man trägt, ist nicht zufällig. Aus meiner persönlichen Umgebung kenne ich dafür einige Beispiele.

In meinem Bekanntenkreis gibt es drei Frauen, die den hübschen Namen Danielle tragen; sie sind alle unter dem Zeichen Schütze geboren. Vier weitere Frauen heißen Anne-Marie und eine weitere Marie-Annie, sie alle sind unter dem Sternzeichen des Wassermanns (oder der Wasserfrau!) geboren, mehr noch: drei von ihnen sind am 27. Januar und eine am 28. Februar geboren.

Darüber hinaus habe ich noch zwei Freundinnen, die Magda heißen und zwei weitere, die auf den Namen Marlee hören (oder auch nicht), die Zusammenfügung von Maria-Magdalena. Der aufmerksame Leser wird schon vermuten, unter welchem Sternzeichen sie geboren sind, ein Sternzeichen mit dem gleichen Buchstabenwert ... „Jungfrau“. Zwei haben sogar Sonne und

Aszendent in der Jungfrau. Die Zahlen spielen natürlich eine wichtige Rolle in der Struktur der Pyramide. Weil ich selbst nicht so gut in der Kabbala beschlagen bin, habe ich jemanden gebeten, der darin große Erfahrung hat, etwas darüber im Zusammenhang mit der Pyramide zu schreiben.

Noud van den Eerenbeemt, der sich im Tarot, in Runenzeichen, im I Ging und in der Kabbala auskennt und durch seine Bücher hierüber bekannt wurde, war so freundlich, auf mein Ersuchen einzugehen. Gerne überlasse ich ihm das Wort.

Pyramiden-Kraft, Ausdruck – Ja, wovon?

von Noud van den Eerenbeemt

Die gesamte Existenz ist der stoffliche Ausdruck eines innerlichen, geistigen Geschehens. Die immer besorgniserregender werdende Energiekrise spiegelt einen ebenso besorgniserregenden und nicht abwendbaren Mangel an geistiger Energie im Menschen wieder. Die eine Energiekrise kommt so in der anderen zum Ausdruck. So vom Ernst der Sache durchdrungen fährt der Konsument dennoch mit der Anschaffung elektrischer Brotmesser, Zahnbürsten, Rasier- und Haartrockner, Waschmaschinen, Sonnenbänke, Heizöfen, Ventilatoren und anderen durch selten werdende Energie betriebenen Erfindungen fort, von denen er erwartet, daß sie ihm das Leben angenehmer gestalten. Und die Industrie tut ihr Bestes, um die wachsende Nachfrage zu befriedigen. Als gäbe es gar keine Energiekrise.

Auch das ist stofflicher Ausdruck eines geistigen Geschehens. Obschon der Mangel an Lebenskraft sich im Menschen immer deutlicher in Form von „Streß", Übermüdung und psychischen Zusammenbrüchen (um von der Zunahme tödlicher Krankheiten zu schweigen) äußert, geht der Raubbau an der Lebenskraft unverdrossen weiter. Das Ergebnis wird mit jedem Tag deutlicher; der totale Zusammenbruch von Gesellschaft und Individuum kann nur wenigen verborgen bleiben. Diese schicksalhafte Entwicklung ist nicht zu bremsen – sonst sind ja die Arbeitsplätze in Gefahr (und damit der stoffliche und geistige Energieverbrauch). Ein unglückseliger, vollkommen irrationaler Stand der Dinge! Jetzt, da in unserer Zeit das Versiegen von irdischen und körperlichen Energiequellen in Sicht kommt, stößt der Mensch auf eine „neue“ (eigentlich alte und vergessene) Kraftquelle: Pyramidenenergie. Die Experimente haben begonnen und allmählich zeichnen sich Möglichkeiten ab, die vielleicht einmal grenzenlos sein können. Aber was ist das eigentlich für eine Kraft, die heute von Tausenden untersucht und praktiziert wird? Die Antwort: „eine kosmische Kraft“, klingt schön, aber macht uns nicht viel klüger. Wir kleben dann nur ein Etikett darauf, wodurch der Begriff einfacher zu handhaben ist. Zugleich gibt es uns die Illusion, daß wir genau wissen, worum es geht – dennoch dringen wir nicht zum Wesen dieser geheimnisvollen Energie durch. Um aber etwas darüber zu erfahren – und uns nicht in endlosen Phantasien zu verlieren – gibt es nur eine einzige Möglichkeit. Das einzige, was wir tun können, ist die Form der Pyramide näher zu untersuchen und uns dabei vor Augen zu halten, daß jeder geistige Inhalt sich kristallklar in seiner stofflichen Form ausdrückt. Die Numerologie ist der Schlüssel, den wir brauchen, um das Wesen der Pyramiden-Kraft zu entschlüsseln.

Wenn wir uns die Pyramide ansehen, dann erkennen wir eine quadratische Grundfläche. Die Zahl Vier ist die Zahl von „Form erhalten“, „Verwirklichung“ und „Erwerben“ und somit die Zahl der Materie und des irdischen Bestehens. Unser ganzes tägliches Leben wird von Vierheiten bestimmt. Vier Elemente geben unserer Welt Form; vier Temperamente bestimmen die Persönlichkeit des Menschen; es gibt vier Jahreszeiten und vier Windrichtungen, die den Raum ausmachen. Sein, Wesen, Streben und Tat bilden den gesamten Menschen; Substanz, Qualität, Quantität und Bewegung bestimmen die Formen der Natur. Die Bewegung äußert sich wiederum auf vier Arten: Laufen, Fliegen, Schwimmen und Kriechen. Auch der menschliche Intellekt hat eine Vierheit als Form: Bestätigen, Leugnen, Verneinen und Beschließen. Das alles zusammen ist die mächtige Basis der Pyramide: die Existenz in all ihren Formen und Äußerungen.

Die vier Windrichtungen offenbaren sich uns als Gegensätze. Der Norden steht dem Süden gegenüber und „east is east and west is west and never the twain shall meet“. Um die Gegensätze miteinander zu verbinden und zu einer Einheit zu führen, ist ein fünfter Punkt erforderlich. Jeder von uns bildet – inmitten der vier Windrichtungen stehend – solch einen fünften Punkt. Die Gegensätze sind dann nicht länger unüberbrückbar. Wir sehen einen Vogel von Norden nach Süden fliegen oder hören, wie ein Geräusch von Ost nach West zieht. Fünf ist die Zahl der Bewegungen und alles, was mit Bewegung zu tun hat, drückt sich daher in Fünfen aus: fünf Sinne stehen uns zu Diensten, desgleichen fünf Finger und fünf Zehen an der einen und an der anderen Seite. Fünf gibt uns nicht nur eine Bewegung im Raum, wodurch Gegensätze überbrückt werden, sondern auch in der Zeit, und das nennen wir „Geschichte“. Fünf ist die Quintessenz aller Dinge und somit die Zahl des Menschen.

Wenn wir uns nun die Pyramide ansehen, dann stellen wir fest, daß dieser fünfte Punkt sich über den vier anderen befindet. Es ist der eine Punkt, durch den die anderen vier Gestalt erhalten und auch der eine Punkt, in dem alle vier aufgehen. Wer sich dessen bewußt wird, findet Stoff genug für geistige Betrachtungen! Er sieht in der Pyramidenform das Wesen des „fünften Elements“. Es ist das Element „Äther“, aus dem die vier Elemente entstehen und in dem sie aufgehen, und das der unsichtbare, hoch erhobene Kern unserer Existenz ist. Es ist das Element des Geistes, Alpha und Omega unserer Existenz, unsichtbarer Kern unseres Wesens. In uns drücken sich die vier Elemente auf geistiger Ebene aus. Feuer in unserem Bewußt-sein; Wasser in unseren Gefühlen, Luft in unserem Denkvermögen und Erde ist die „Form“ von diesen allen. Das fünfte Element, die Spitze der Pyramide ist das, was sich ausdrückt und das, aus dem dies alles entsteht und in dem es wieder aufgeht. Schauen Sie sich wieder die Pyramide an und erkennen sie, wie in ihr durch den Gegensatz „unten“ und „oben“, „Himmel“ und „Erde“, „Gott“ und „Mensch“ unvergleichlich zur Einheit gelangen. Wenn dieser fünfte Punkt sich auf einer Ebene inmitten der vier anderen befände, würde es sich um ein ganz „irdisches“ Ding handeln. In der Pyramide erhält dies jedoch eine weitere Dimension; der fünfte Punkt befindet sich darüber und bringt so unsere menschliche Eigenschaft in den Rahmen einer höheren Ordnung: unsere menschlichen Eigenschaften, die wir mit den vier Windrichtungen als eins ansehen; dem Osten: die Seele und die darin wohnende Liebe; dem Westen: das Denkvermögen und das dazugehörige Dienen; dem Norden: die Materie und ihre Klarheit; dem Süden: das Bewußt-sein und die darin zum Ausdruck kommende Hingabe.

Wer sich klar darüber ist, daß jeder Mensch der Mittelpunkt eines „kosmischen Kubus“ ist, mit einem Oben (Himmel) und einem Unten (Erde), einem Vorne und einem Hinten und einem Links und einem Rechts (den vier Windrichtungen), kann die Pyramidenform in diesen Kubus übertragen und erfährt dann, daß die Spitze, der fünfte Punkt, sich in der Höhe befindet, die in diesem unstofflichen, kosmischen Kubus durch „das Auge Gottes“ eingenommen wird. So nennt die Überlieferung das, was sich in diesem Kubus in für uns bekannten Begriffen ausdrückt.

Bewußtsein und Verstehen (zwei Eigenschaften, die beide eine geistige Errungenschaft darstellen und auch ein Ausdruck der Idee Vier sind) des Obengenannten, kann das tiefste Wesen der Pyramiden-Kraft ans Licht bringen. Vor allem, wenn wir erkennen, daß die Basis auf der Nord-Süd-Achse stehen muß, um diese mit Recht göttliche Kraft wirksam werden zu lassen. Der Norden ist die Stelle, wo Eis und Schnee regieren; Formen, die durch „Erstarrung“ erscheinen. Die Materie ist eine „Erstarrung“ unsichtbarer, unstofflicher Inhalte zu sichtbaren, stofflichen Formen. Der Süden ist für uns die Stelle, wo Sonne und Wärme regieren und Sinnbild des Feuers und des Lichts des Bewußt-seins. Höchste Eigenschaft des Stoffes ist: Reinheit. Höchste Eigenschaft unseres Bewußt-seins: Hingabe. Die kosmische Kraft kann nur dann wirksam sein, wenn es eine Verbindung zwischen diesen beiden Polen gibt. Das Ergebnis ist: reine Hingabe, und wo es sie gibt, eröffnen sich unbegrenzte Möglichkeiten. Die Plazierung eines Objekts auf einer Erhöhung in der Pyramide ist nun ebenfalls klar. Um die Wirkung der Kraft zu erfahren, ist eine geistige und also auch stoffliche „Erhöhung" erforderlich und zwar auf einer Ebene von 1/3 der Gesamthöhe. Weshalb gerade diese Höhe, wird verständlich, wenn man weiß, daß drei von Natur aus die Zahl des Wachstums, der Entwicklung und der Geburt ist. Blumen und Eier dürfen in einer Pyramide (20 cm) nicht über 6,666 cm liegen. Eine ziemlich eigenartige Zahl. Sechs ist Sinnbild von Gleichgewicht und Harmonie, Begriffe, die sich in Blumen und in der Idee des (kosmischen) Eies äußern.

Nun, da wir das Wesen der Pyramidenkraft kennen, können wir anhand einer Reihe von Abmessungen etwas über ihre Auswirkung erfahren. Der ursprüngliche Bauplan sah einen Umfang von 36,524 Inches vor. Numerologisch kommt hier zum Ausdruck: Wachstum (3), Harmonie (6), die unbewußte Seele (2), die zu Bewußtsein (4) kommt. Alles zusammen macht 20 und das ist 2 und 0: Die Seele (2) und die unbegrenzten Möglichkeiten (0), die in ihr schlummern und die in und durch eine Auferstehung (die XX, Karte des Tarot) zum Ausdruck kommen. Da kein Menschenwerk auf dieser Erde vollkommen ist, machten die Erbauer der Pyramide jedoch einen Fehler. Bei jeder der vier Seiten zeigte sich eine kleine Abweichung mit einer Gesamtzahl von 286,1 Inches. Da es sich hier um einen Fehler handelt, sehen wir uns die negative Bedeutung dieser Zahl an. Die Ursache des Fehlers wird klar, wenn man sieht, daß die im Menschen vorhandene Dualität (2) die Wirkung des Gesetzes von Ursache und Wirkung (8), Verlockung (6), das Gleichgewicht und die Harmonie stört, und die im Ego wirksamen negativen Kräfte (1) in dieser „Abweichung" zum Ausdruck kommen. Die Gesamtmenge dieser Zahlen ist 17 = 1 + 7 = 8. In negativer Bedeutung ist dies ein Schicksal (8), das Enttäuschungen (17) bringt.

Um das Wesen des gemachten Fehlers zu ergründen, ist es

sinnvoll, zu wissen, daß die Numerologie die Zahlen von eins bis sieben einschließlich noch als „von dieser Welt“ ansieht. Die Zahl eins ist dabei das „ich bin“ und die Zahl sieben drückt die Idee aus, daß man sein Ideal, seine Idee vom Glück hegt. 17 ist somit: „ich bin“ „mein Ideal“. Zählt man hier jedoch nicht weiter als bis sieben, dann ist dieses Ideal immer ein „von dieser Welt“ und strebt nach Macht und Besitz. Erst bei acht, worin das Bewußtsein des Gesetzes von Ursache und Wirkung durchbricht, die einem Menschenleben in einem „Schicksal“ Form gibt, wird diese Selbstwerdung mit einem irdischen Ideal zurückgelassen. Um wieder zur Pyramide zurückzukommen: Dadurch, daß beim Bau dieser schicksalhafte Fehler gemacht wurde, war man nicht dazu in der Lage, das mächtige (geiststoffliche) Werk zu vollenden. Die Spitze, die einen Umfang von 8 x 286,1 Inches haben sollte, konnte nicht angebracht werden, weil der Platz nur für 7 x 286,1 Inches reichte! Die Trennungslinie zwischen der noch irdischen Idee von sieben und der geistigen, höheren Idee von acht kommt so deutlich zum Ausdruck! Wenn kein Fehler gemacht worden wäre, und man die Spitze angebracht hätte, wäre 17 die Zahl des „ich bin meine eigene geistige Entwicklung“ gewesen und hätte die Bedeutung: Hoffnung und Einsicht, Einfluß auf Andere und Eingehen in eine völlig neue Bewußtseinssphäre. Durch innerliche Unvollkommenheiten erreichten die Erbauer eine äußerliche Unvollkommenheit: ein mächtiges Bauwerk, das nicht gekrönt und als solches ein klares Bild des Menschen und seines Wesens werden konnte. Daher ist die Pyramide, das mächtige Zeichen im Land der Ägypter, eine Ermahnung für alle Zeit.

Der Mensch ist dem gemachten Fehler auf die Spur gekommen. Bei allen maßstabsgetreu gemachten Miniaturmodellen wurde er vermieden, und das veranlaßt zur Hoffnung. Nun, da die irdischen Energiequellen wohl bald ausgeschöpft sind, kommen wir den alten, unerschöpflichen kosmischen Kräften wieder auf die Spur. Im Experiment werden wir uns neuer Anwendungsmöglichkeiten bewußt. Es begann mit einer Rasierklinge –

und wohin es führt, ist nicht vorherzusagen. Heil können wir jedoch nur von dieser neuen Kraftquelle erwarten, wenn wir uns zugleich der hohen geistigen Bedeutung dessen bewußt werden, womit wir uns da beschäftigen. Und das höchste Heil kann erst dann zum Ausdruck kommen, wenn wir in unserem eigenen Wesen eine vollkommene, geistige Pyramide errichten, gekrönt mit dem Auge Gottes, das die ganze unendliche Schöpfung wahrnimmt und voller Liebe betrachtet, und worüber Meister Eckehart schrieb: „Das Auge, mit dem ich Gott sehe, ist das gleiche Auge, mit dem Gott mich sieht". Falls die geistige Entwicklung zurückbleiben sollte und die Entdeckung der Pyramiden-Kraft den auf technische Erfindungen versessenen westlichen Menschen lediglich zu neuen technischen Anwendungen inspiriert, wird die Entdeckung nur wenig Heil und viel Unheil bringen. Dann kann es sich zeigen, daß man sich mit der ersten Rasierklinge, die man unter die Pyramide legte, ordentlich in die Finger geschnitten hat.

Leben in einer Pyramide

In Belgien gibt es ein Pyramidenhaus, das genau nach den richtigen Abmessungen errichtet wurde und zwar gen Norden. Dieses Haus ist nicht ohne Mühe und Anstrengung entstanden.

Die Bauunternehmer waren nicht sonderlich auf diesen Auftrag erpicht und derjenige, der endlich eingewilligt hatte, gab nach kurzer Zeit auf, so daß der Eigentümer fast alles selbst machen mußte. Fünf Jahre seines Lebens hat er damit zugebracht. Jef Van Hoye, so heißt dieser unermüdliche Pionier, wohnt nun seit ungefähr einem Jahr in seinem Haus.

Jef ist nichts an Publizität gelegen und es hat mich daher auch Mühe gekostet, ihn zu finden. Glücklicherweise hat mir der Kosmos dabei ein wenig geholfen.

Nach dem ersten Kennenlernen hat er mich jedoch direkt in sein Haus eingeladen.

Es war für mich eine besondere Erfahrung. Mit einer gewissen Ehrfurcht habe ich den Ort betreten und ich wurde sogleich von einem unverkennbaren Gefühl der Ruhe ergriffen, so als betrete man eine bekannte Kathedrale. Ich fühlte eine wunderbare Harmonie, die meine meist hastigen Bewegungen verlangsamte.

Es war ein Ort, an dem ich mich wie zu Hause fühlte.

Es störte mich, daß ich gekommen war, um Photos für meinen Auftrag zu machen; es kam mir fast wie eine Schändung vor. Wir sind dann herumgegangen und haben mit dem Pendel die Energie gemessen. Die kräftigen Ausschläge des Pendels zeigten verschiedene Stellen mit einer großen Ausstrahlung an. Das Haus hat fast keine abgetrennten Zimmer, alles ist ein einziger großer Raum, die Spitze ist aus Glas.

Die ganze Sache ist für Jef und seine Familie ein Abenteuer gewesen und dieses Abenteuer, das das seine ist, lasse ich ihn auch lieber in seinen eigenen Worten erzählen.

Leben in einem Pyramidenhaus

von Jef Van Hoye

Ein Zeugnis ablegen, direkt unter der Kuppel eines Pyramidenhauses ist vergebliche Mühe!

Mir kommt das Bauwerk nach fünf Jahren Arbeit und den neun Monaten, die wir nun hier leben, wie ein Spiegel des Lebens vor. Ein Spiegel auf jeder Ebene der menschlichen Existenz.

Die ersten Monate nach unserem Aufenthalt hier, mit meiner Frau Lea und den drei Kindern, waren sehr eigenartig. Lea wohnt hier sehr gerne, ungeachtet ihrer zaudernden Haltung vorher. Die Kinder blühten auf, vor allem das jüngste. Doch ich erkannte mich nicht wieder. Manchmal sehe ich noch die beiden fremden Augen, die mich anstarrten, immer dann, wenn ich in den Spiegel schaute. Ich wurde Situationen und Menschen gegenüber radikal. Schlafen fiel mir schwer, außer dann, wenn wir uns in den Schlaf liebten. Punkt vier wurden wir wach … Es überfiel mich große Unruhe, ein mentales Chaos. Weshalb hatte ich dieses Haus überhaupt gebaut, wohl wissend, daß mir verschiedene Menschen davon abgeraten hatten? Wie kann ich diese Dinge nur beschreiben? Nun, aus einer wesentlichen Ruhe heraus, der gleichen Ruhe, die mich zuweilen befiel, wenn ich nach einer Woche mein Haus, damals noch eine Baustelle, betrat. In einer fast heiligen Gebärde muß ich meine Hände sinken lassen und denken: ja warum? Und dennoch … es gab Stellen im Haus, an denen ich in fünf Minuten Kopfschmerzen bekam. Woher holte ich nur den moralischen Mut, fünf lange Jahre? Es schien mir eine karmische Bergwanderung zu sein. Mit einer eigensinnigen Hartnäckigkeit tat ich Dinge, warum nur? Aber die Hilfe von Freunden und Familie blieb nicht aus. Eine große Gruppe von Menschen mit Pyramidenplänen, die nicht wußten, auf was sie sich da einließen. Und das wegen dieses Eies, das drei Monate lang unter einer kleinen Pyramide lag und mumifizierte? Hierbei darf ich allerdings Freddy nicht vergessen, einen Studienfreund, mit dem ich gemeinsam an Meditationssitzungen teilnahm. Er war über die Pyramidenkräfte informiert und wollte auch einmal den Einfluß dieser Energieform auf die Meditation ausprobieren. Das Haus wurde viel besucht: Architekturstudenten, Menschen, die über den biologischen Hausbau informiert waren, Technologen und Strahlenforscher.

Sie wurden zu Freunden, so ganz anders als die Neugierigen, die ihre Ohnmacht hinter einem gewissen Spott verbargen. Alle Menschen, die den Boden betraten, hatten eines gemeinsam: sie sprachen über das Haus – auch ungefragt – und zwar sehr positiv oder aber sehr negativ, nichts dazwischen, und das hing nicht mit ihrem Alter zusammen.

Es kam mir vor wie eine Auslese, die die Menschen hier trafen; sie urteilten gleichsam über sich selbst, ich hatte nichts damit zu tun. Das ist übrigens noch ein wichtiger Eindruck, der mir bleibt, ein Gefühl eines Vermittlers, ein bißchen Medium ... Manche Menschen glauben, daß man unter einer Pyramide nie mehr krank werde. Das Gegenteil ist richtig, doch vermittelt der Genesungsprozeß ein klares Gefühl der Erneuerung. Eine Erklärung für das Pyramidengeschehen ist vielleicht: Sich in einem Zustand der Harmonie zu befinden oder nicht.

Leonardo da Vinci hat einmal eine Zeichnung gemacht, auf der der Mensch in einem Viereck steht, umgeben von einem Kreis. Das Viereck ist die Basis einer Pyramide, deren Höhe gleich dem Radius des Kreises ist.

Die Pyramide ist eine Form, die hinsichtlich der Verhältnisse den menschlichen Proportionen entspricht: dem goldenen Schnitt.

Und wer eine Pyramide als Hut verwendet, als Dach für seinen Kopf, der weiß, daß er die Gesetze der Harmonie achten muß. Sonst passiert ihm das Gegenteil. Er sieht das Spiegelbild seines Ichs. Frans, ein empfindsamer Freund des Hauses, hat vielleicht eine gute Erklärung für Pyramidenkräfte gefunden. Hierfür meditierte er allein für zwei Stunden im Pyramidenhaus. Hier das Ergebnis, ausgedrückt in einer Zeichnung und in einem Runen-Symbol. Das Symbol sagt etwas über einen Kanal zwischen Himmel und Erde, auf dem die Lebens- und die Todeskraft einander im Gleichgewicht halten.

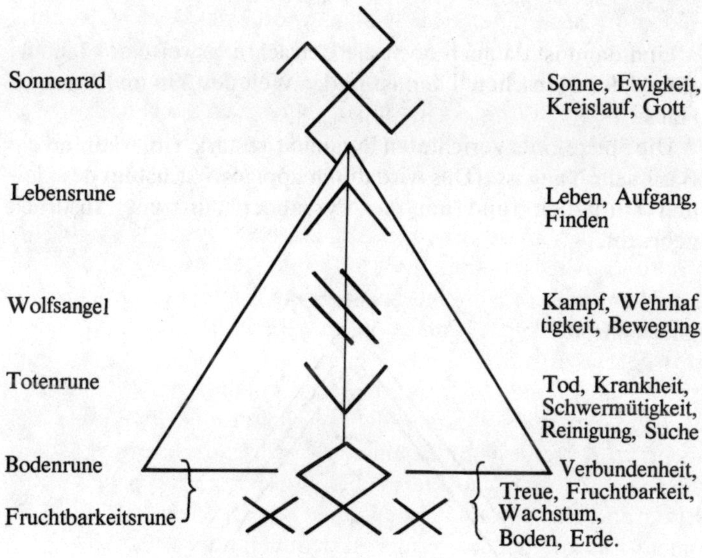

Vom Boden aus werde ich zum Leben hinarbeiten, über den Tod werde ich schreiten zum Leben und ich werde mich an das Unnennbare wenden, das mich immer wieder den Kreis durchlaufen läßt, bis ich gereinigt alles loslassen kann.

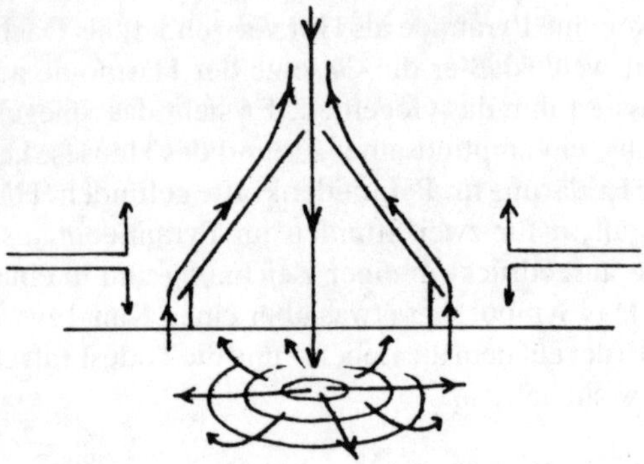

Und dann ist da auch noch die Betrachtungsweise des Jan aus „Stadt des Menschen“. Jan ist in der Welt des Yin und Yang zu Hause.

Die Spitze einer gerichteten Pyramide ist stark Yin, während die Basis sehr Yang ist. (Das wird durch üppiges Wachstum des kleinen Huflattich rund um das Pyramidenhaus zum Ausdruck gebracht.)

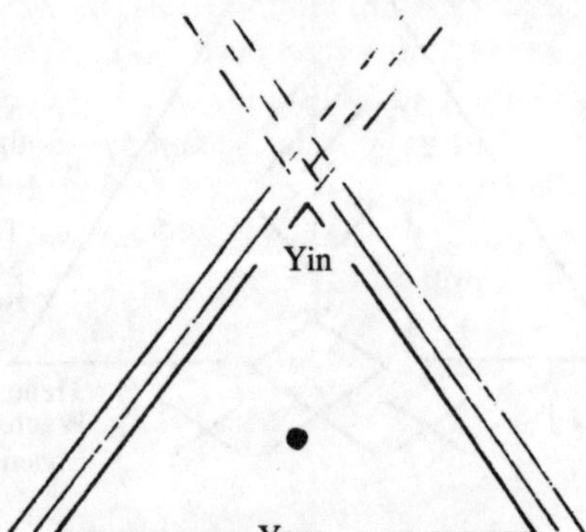

Die Pyramide erzittert wie eine Lautsprecherbox, doch mit einer sehr hohen Frequenz (kosmische Schwingungen). Dadurch breitet sie sich horizontal und vertikal aus. An der Spitze entsteht eine umgekehrte Pyramide.

Dies wird durch einen Messungen der Universitäts-Arbeitsgruppe für Strahlenlehre in Diebenbeek aufgezeigt.

Zum Zeitpunkt der Messungen, flog – sozusagen als Bestätigung – eine Schwalbe in einem geschmeidigen Spiralflug über die Spitze.

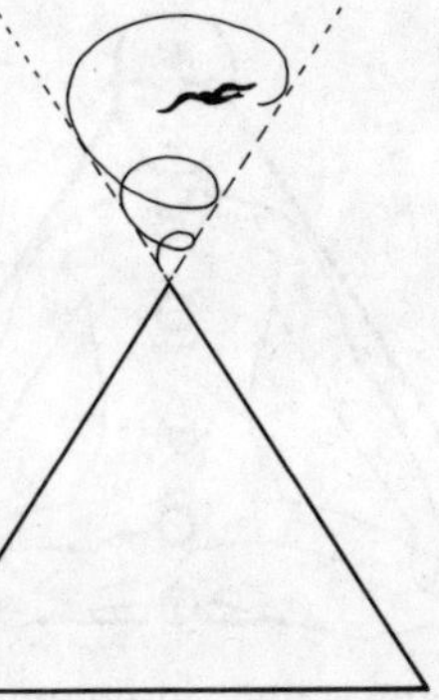

In einem Drittel der Pyramidenhöhe (das ist der Schwerpunkt) geht Yin in Yang über und umgekehrt.

Dort herrscht Ruhe und Stillstand; es gibt keine Bewegung, also kein Leben. Von dort geht das Leben aus und dort endet es auch. Denken Sie nur an den energetischen Mittelpunkt des Menschen, das Hara unter dem Nabel, von wo jedes Wesen seine Menschlichkeit aufbaut.

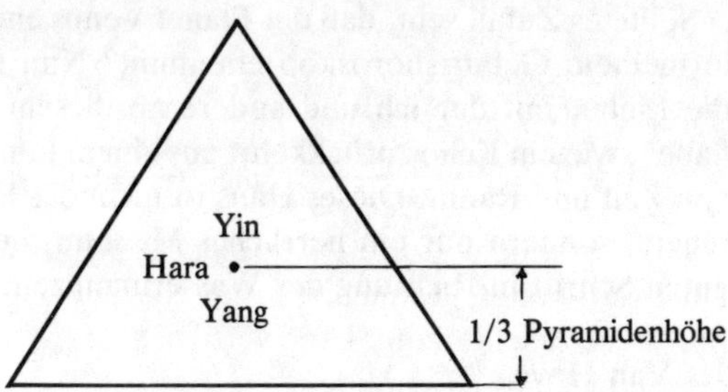

Interessant ist daher auch das hierunter abgebildete Diagramm des menschlichen Chakrasystems. Wenn der Mensch in Lotushaltung meditiert, kreiert er selbst eine Pyramide um sich herum, mit einem Yin-Feld in Höhe des Scheitels und einer Yang-Basis am Steißbeinchakra.

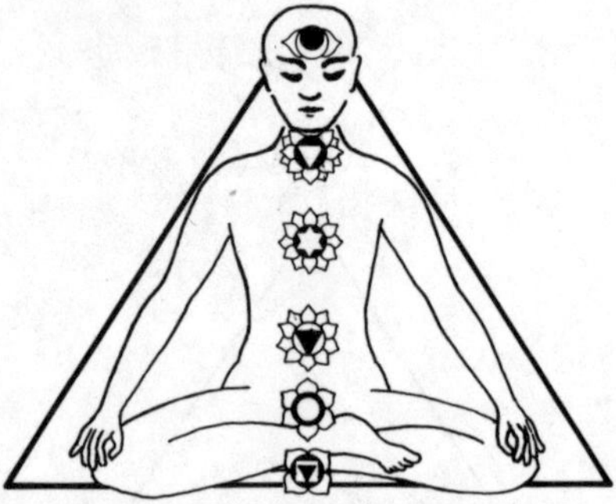

Das Hara liegt dann genau in einem Drittel der Pyramidenhöhe: dem Schwerpunkt.

Es wird allmählich deutlich, daß die 52 Grad (52° 51')-Pyramide gleichsam die Silhouette oder das kosmische Muster der Schöpfung ist; das gleiche Muster, von wo aus der Mensch gedacht ist. Es ist übrigens nicht zufällig, daß die große Pyramide von Cheops in verschlüsselter Form die Geschichte der Menschheit erzählt.

Ein Astrologe erklärte mir, daß die Pyramide unter dem Schutz der Venuskräfte steht.

Sollte es Zufall sein, daß der Planet Venus eine starke Stellung in meinem Geburtshoroskop einnimmt? Nun fühle ich ja, daß die Liebe, mit der ich und andere an diesem Haus gearbeitet haben, wie ein Echo zurückkehrt aus einem Land auf der Grenze von Zeit und Raum. Dieses Haus ist nicht das Ende eines Abenteuers, sondern nur ein herrliches Medium, mit dem wir einen guten Schritt in Richtung des Wassermannzeitalters tun.

Jef Van Hoye

Wie baut man selbst eine Pyramide?

Die Antwort lautet: „Sehr präzise". Doch das ist eine Antwort in dem Stil, wie man früher den Soldaten fragte: „Wie putzt man Armeestiefel?", die richtige Antwort war „Mit Sorgfalt", also nicht mit Schuhcreme. Deshalb wollen wir versuchen, hier ein wenig genauer zu sein. Es hat keinen Sinn, feste Maßangaben zu liefern, denn es könnte ja sein, Sie wollten eine andere Größe haben. Ich werde Ihnen das Bauprinzip an die Hand geben, womit Sie alle möglichen Pyramiden, die Sie sich wünschen, bauen können.

Sie beginnen damit, festzulegen, wozu Sie die Pyramide verwenden wollen. Daraus dann ergibt sich die maximale Höhe. Wenn das Bett z. B. 15 cm über dem Boden steht, muß die Pyramide eine Höhe von 14 cm. haben.

Die Modelle, die Omniscienta Ihren Mitgliedern zur Verfügung stellt, haben eine Höhe von 20 cm, von der Spitze bis zur Mitte der Basis. Aus dieser Höhe bestimmen wir die anderen Abmessungen. Nehmen wir z. B. eine Pyramide mit einer Höhe von 20 cm. Um die Basislinie eines der vier Dreiecke zu finden, multiplizieren wir die gewählte Höhe mit dem Faktor 1,57075, dann erhalten wir 31,415 cm. Um die Seite des gleilchschenkligen Dreiecks zu bestimmen, multiplizieren wir die gleiche Höhe mit dem Faktor 1,4945, dann erhalten wir 29,89 cm.

Das Dreieck sieht also so aus:

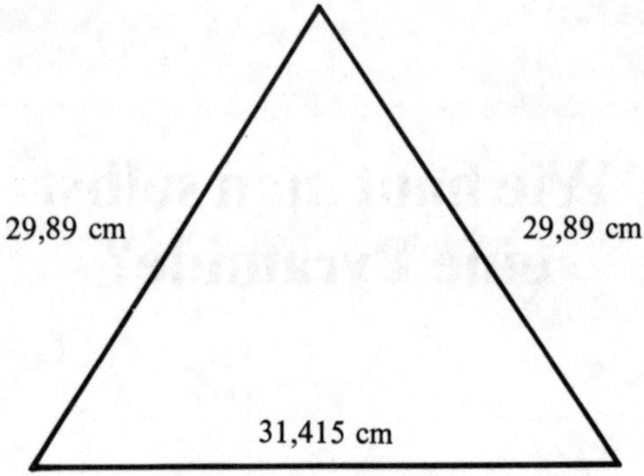

Es gibt nun mehrere Methoden, die erforderlichen vier Dreiecke zu fertigen.

Sie nehmen ein Stück kräftigen Kartons und zeichnen darauf eine Basis-Linie von 31,4 cm Länge. Im Mittelpunkt dieser Linie ziehen Sie mit einem Zeichendreieck eine Lotrechte von ca. 30 cm Länge. Dann legen Sie ein Lineal mit seinem 0-Punkt auf einen der beiden Endpunkte der Basis-Linie und verschieben das Lineal unter Beibehaltung des 0-Punktes auf der Lotrechten bis Sie genau 29,9 cm haben. Von diesem Punkt auf der Lotrechten ziehen Sie je eine Linie auf die Endpunkte der Basis-Seite. Dann schneiden Sie dieses Dreieck aus und fangen von vorne an, bis Sie vier Dreiecke haben.

Nun legen Sie drei dieser Teile mit der schrägen Seite gegeneinander und fixieren mit Klebeband die Stoßkanten. Stellen Sie die Pyramide auf, und kleben Sie die restlichen Kanten sauber zusammen.

Da steht nun Ihre erste Pyramide.

Ist das Material stärker, z. B. Holzplatten, müssen Sie die Seiten auf Gehrung schneiden und mit Kontaktkleber verleimen. Besser schrägen Sie auch die Basiskanten ab, damit sie bündig auf dem Grund aufliegen.

Die zweite Methode, eine Pyramide von 20 cm zu fertigen, ist folgende:

Sie schneiden ein Rechteck mit den Maßen 78,5 cm und 25,4 cm aus. Auf der Längsseite markieren Sie – von links gesehen – bei 31,4 cm einen Punkt und nach weiteren 31,4 cm noch einmal einen. Auf der oberen Linie machen Sie das gleiche, diesmal rechts beginnend.

Dann verbinden Sie alle diese Punkte links unten beginnend: AD, DB, BE, EC, DF. Sie haben nun 4 Dreiecke mit den richtigen Abmessungen.

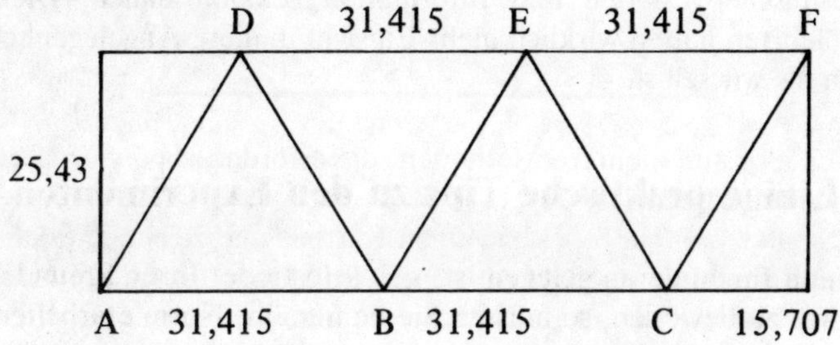

Ein anderes Beispiel: Für eine Pyramide mit einer Höhe von 30 cm erhalten wir 30 x 1,57075 = 47,1 cm als Basislinie.

30 x 1,4945 = 44,8 cm als Seite. (Jeweils gerundet)

Wenn Sie Lust haben, einmal eine Kegelpyramide auszuprobieren – sie funktioniert gar nicht so schlecht – zeichnen Sie einen Kreis, halbieren ihn und schneiden ihn auf der Mittelline durch.

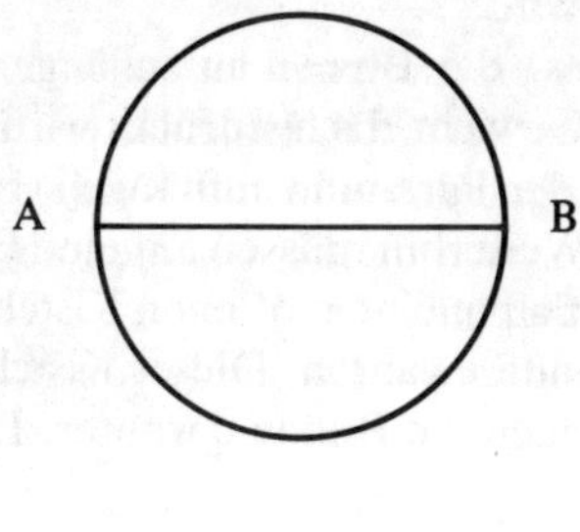

So erhalten Sie zwei Halbkreise.

Falten Sie einen Halbreis derart, daß Punkt A gegen Punkt B zu liegen kommt. Nun kleben Sie mit einem Streifen Klebeband die beiden Kanten ohne Überlappung gegeneinander. Sie werden sehen, das funktioniert auch.

Übrigens: Die Magier und die Astrologen früherer Zeiten liefen alle mit solch einem Kegel auf dem Kopf herum. Sie werden wahrscheinlich schon die Wechselwirkungen zwischen Kegel, kosmischer Energie und Information gekannt haben. Diese Gelehrten hatten wirklich mehr Einsicht in diese Angelegenheiten als wir selbst.

Einige praktische Tips zu den Experimenten

Wenn Ihnen daran gelegen ist, sich selbst oder Ihren Freunden etwas zu beweisen, so müssen Sie immer eine Norm erarbeiten, anhand der Sie ihre Ergebnisse messen können.

Z. B. Rasierklingen: Wenn Sie nicht sicher wissen, wie lange Sie sich normalerweise mit einer Klinge rasieren können, nehmen Sie zunächst einmal fünf Rasierklingen und errechnen den Durchschnitt der jeweiligen Tage des Gebrauchs. Nun fangen Sie mit einer neuen Rasierklinge an. Zur Regenerierung der Klinge legen Sie sie immer genau an der gleichen Stelle in Nord-Süd-Richtung oder Ost-West-Richtung in 1/3 der Höhe von der Basis.

Beim Trocknen einer Blume achten Sie darauf, daß sie in 1/3 der Höhe plaziert wird.

Am besten ist es, die Blume aufzuhängen, damit sie nicht durch ihr eigenes Gewicht flachgedrückt wird.

Wenn Sie sie in der Pyramide aufhängen, bleibt sie von schöner runder Form. Weiterhin müssen Sie eine Blume der gleichen Art oder einen Strauß in einem offenen Kistchen, am besten aus gleichem Material aufbewahren. Dieses Kistchen drehen Sie um und legen oder hängen die Blume darunter. Es muß mindestens

3 bis 4 Meter von der Pyramide entfernt stehen, um mögliche Einflüsse auszuschließen.

Experimente mit Samen: Die Samen in 1/3 der Höhe legen und zwar in Reihen, die nord-südlich verlaufen. Wer zur Haarspalterei neigt, kann jeden Samen noch einmal ausrichten (N-S!). Anschließend sollte der Samen wenigstens für eine Woche liegen. Zur Kontrolle den Rest des Päckchens weglegen. Bei der Aussaat in Reihen nebeneinander den behandelten und unbehandelten Samen einbringen, um weitgehendst mögliche Unterschiede in Sonnenwärme, Bewässerung und Bodenstruktur auszugleichen.

Versuche mit Gold, Silber oder Rost: Machen Sie ein Photo vor der Plazierung in der Pyramide. Das ist wichtig, da man danach manchmal an sich selbst zu zweifeln beginnt, und sich fragt, ob es wirklich so schmutzig war. Nach ein oder nach zwei Monaten machen Sie wieder ein Photo und vergleichen diese beiden Aufnahmen miteinander. Wenn möglich, wieder die gleiche Belichtungszeit und Entfernung einstellen.

Versuche mit Benzin: Beachten Sie dabei, daß das größte Kraftfeld für Mumifizierung und Bezinbeeinflussung in 1/3 der Pyramidenhöhe vorhanden ist. Doch auch in 1/3 der Höhe unterhalb der Basis ist ein Kraftfeld vorhanden. Die Pyramide hat nämlich eine virtuelle Gegenpyramide, die spiegelbildlich steht. Dieses Gegenstück hat ihr größtes Kraftfeld ebenfalls in 1/3 der Höhe, ausgehend von der Basis. Sie müssen nachsehen wie weit die Mitte des Benzintanks vom Boden des Kofferraums entfernt ist. Das werden meist 10 bis 15 cm sein. Fertigen Sie eine Pyramide an, die so groß wie möglich ist und gerade noch in den Kofferraum paßt. So gelangt dann das stärkste Kraftfeld mitten in Ihren Tank.

Nach 72 Stunden ist die Aufladung abgeschlossen und das Sparen kann beginnen. Beim Nachtanken vermischt sich der energiegeladene Kraftstoff mit dem neuen und lädt auch diesen auf.

Am besten füllen Sie den Tank, bevor er halb leer ist, sonst ist die Verdünnung zu stark.

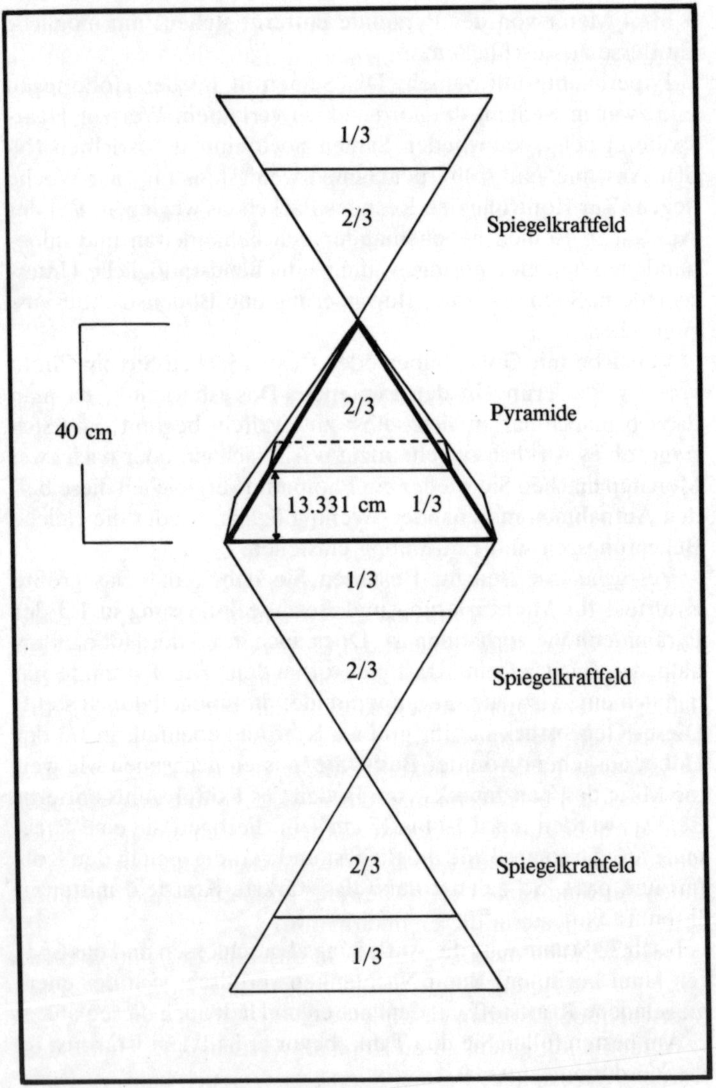
1/3
2/3
Spiegelkraftfeld
40 cm
2/3
Pyramide
13.331 cm
1/3
1/3
2/3
Spiegelkraftfeld
2/3
Spiegelkraftfeld
1/3

Um das Verfahren zu vereinfachen, nehmen Sie eine Bodenplatte, die den ganzen Kofferraum ausfüllt. Suchen Sie sich an Ihrem Arbeitsplatz und zu Hause einen festen Parkplatz aus und stellen Sie auf beiden Plätzen mit dem Kompaß die Nordrichtung fest. Markieren Sie die Nord-Süd-Linie. Dadurch benötigen Sie nicht mehr so viel Zeit, den Wagen gut auszurichten. Achten Sie allerdings darauf, daß die Bodenplatte nicht verrutscht.

Pyramiden-Wasser: Für Pyramiden-Wasser gilt die Regel nicht mehr als 10 % des Pyramidenvolumens für eine Aufladung von 24 Stunden zu füllen. Das gilt auch für alle übrigen Stoffe.

Wie bestimmt man Norden?

Eine Redensart, wörtlich übersetzt, besagt: „Er hat den Norden verloren", was bedeutet, jemand weiß nicht mehr, was er tut.

Nun, ich kann Ihnen aus Erfahrung sagen, daß wir hier im Westen fast alle den Norden verloren haben.

Fast niemand ist in der Lage, Norden zu finden.

Wenn ich sage, Sie müssen die Pyramide in Nord-Süd-Richtung ausrichten, dann scheint das für die meisten Menschen ein unüberwindliches Hindernis zu sein. Angesichts der Tatsache, daß wir alle zusammen unsere Gesellschaft bilden, ist es erlaubt, festzustellen, daß die von uns geschaffene Gesellschaft sich in völliger Orientierungslosigkeit befindet, den Norden buchstäblichen verloren hat. Wenn man das so liest, könnte man versucht sein, darüber zu lächeln, doch werden Sie sich einmal darüber klar, ob Sie nicht selbst auch in der gleichen Situation sind. Ist Ihnen der Sinn Ihres Lebens bewußt, und kennen Sie die Ihnen gestellte Aufgabe in dieser Inkarnation?

Es ist wirklich nicht so einfach, in unserem Zusammenleben, umgeben von Beton, Eisen, Strom und anderen Erfindungen des Menschen, den Norden zu finden.

Wenn Sie mit einem guten Kompaß versuchen, zu Hause den Norden festzustellen, werden Sie diesen Versuch bald frustriert aufgeben. Sie werden bemerken, daß es im Haus wohl 30 verschiedene Richtungen geben kann, die der Kompaß als Norden ausweist. Sie müssen deshalb nach draußen gehen und ein Hilfsmittel benutzen.

Die meisten Gebäude sind rechteckig. Sie legen ein großes Stück rechteckigen Kartons gegen die Vorder-, Seiten- oder Rückwand Ihres Hauses.

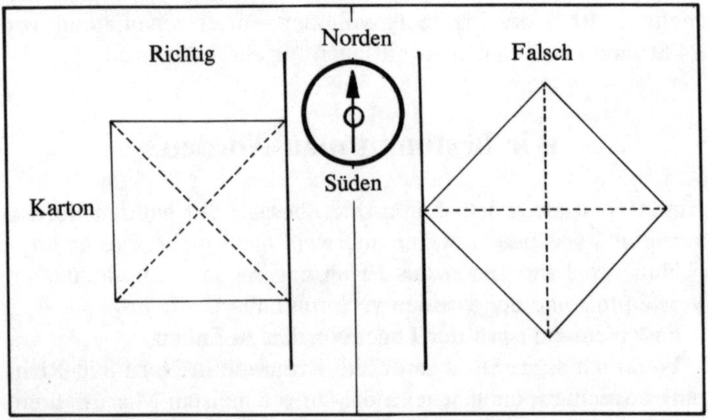

Entfernen Sie sich mit dem Kompaß in der Hand ungefähr 3 Meter von dieser Wand und blicken in die Richtung, die die Kompaßnadel anzeigt. Nun gehen Sie langsam auf Ihr Stück Karton zu, wobei Sie genau auf die Kompaßnadel achten. Über dem Karton angekommen, das auf dem Boden liegt, zeichnen Sie auf diesem, die vom Kompaß angezeigte Nord-Süd-Richtung an. Achten Sie darauf, daß es zu keiner Abweichung kommt.

Wenn es zu einer Abweichung in Gebäudenähe kommt, lassen Sie von einer Hilfsperson die von Ihnen ermittelte Nord-Süd-Linie zeichnen.

Dieses rechteckige Stück Karton können Sie nun überall im Haus als Richtmaß verwenden. Sie müssen es nur gegen eine Mauer legen, die rechtwinklig oder parallel zur Außenwand steht, und schon haben Sie die Nord-Süd-Richtung oder die Ost-West-Richtung. Das hat keinerlei Bedeutung, weil ihre Pyramide perfekt viereckig ist. Dann stellen Sie eine der 4 Basisseiten an diese Linie (nicht die Diagonalen!). Dieses Unterfangen muß so präzise wie möglich ausgeführt werden, da sich aus Messungen mit dem Pendel ergeben hat, daß eine kleine Abweichung die Kraft bereits abnehmen läßt, was zwar nicht bedeutet, daß es dann keine mehr gibt, doch ist sie geringer.

Das gleiche gilt für die Abmessungen. Je genauer die Abmessungen und die Winkel sind, um so besser funktioniert die Pyramide, was auch nicht heißt, daß sie bei einer kleinen Abweichung überhaupt nicht funktioniert.

Das läßt sich mit einem Autofahrer vergleichen. Wenn er nüchtern ist, fährt er vielleicht gut. Nach fünf Glas Bier fährt er schon weniger gut, und nach 10 Glas noch schlechter, aber fahren kann er immer noch.

Es bleibt noch eine weitere Möglichkeit.

Sie fragen in irgendeinem astronomischen Observatorium, wann die Sonne in Ihrer Umgebung im Süden steht. Dann können Sie, wenn das z. B. um 12.45 Uhr der Fall ist, ein rechtwinkliges Stück Papier gegen eine Mauer legen, auf die die Sonne fällt, im Haus oder draußen; sie stellen einen Stock oder einen Stuhl senkrecht auf den Boden und ziehen dann eine Linie in Richtung des Schattens.

Es stellt sich in diesem Zusammenhang eine weitere Frage. Welchen Norden muß man nehmen? Es gibt den geographischen und den magnetischen Norden. Die Frage bleibt offen; ich habe sie für mich noch nicht gelöst.

Bisher habe ich schon Versuche zum magnetischen Kompaß-Norden unternommen. In manchen Büchern steht, daß man den geographischen Norden braucht, in anderen den magnetischen Norden. Die sehr guten Ergebnisse, die ich bislang mit meinen Experimenten erzielt habe, weisen darauf hin, daß der magnetische Norden der Richtige ist. Das heißt aber nicht, daß der geographische Norden vielleicht nicht noch bessere Resultate bringt.

Nun bin ich der Ansicht, verehrter Leser, daß man nicht alles auf einmal haben muß, und Sie sollten es selbst einmal ausprobieren, z. B. mit dem Dehydrieren eines Eies oder mit Honig. Wenn flüssiger Honig nach 4 bis 5 Tagen fester wird, steht er richtig. Versuchen Sie es einfach einmal.

Das Erforschen und Probieren ist oft wichtiger und lehrreicher, als das Erreichen des Ziels. Die Teilnahme oder das Gewinnen bei den Olympischen Spielen ist nichts gegen die jahrelange Vorbereitung, die einen zum Teilnehmer werden läßt.

Schlafen in einer oder über einer Pyramide

Die Pyramide unter das Bett in Nabelhöhe stellen. Ich schlief dabei viel besser, verlor aber zugleich auch ca. 3 kg an Gewicht. Nach vier Monaten habe ich die Pyramiden entfernt und hatte nach 14 Tagen wieder 2 kg zugenommen.

Zufall oder keiner, es ist eine Feststellung. Außerdem habe ich wieder die Neigung, länger im Bett liegen zu bleiben.

Viel Glück damit, wenn Sie es selbst probieren wollen und vor allem auch viel Freude und geistiges Wachstum.

Eine besondere Pyramide in Frankreich

In diesem Jahr haben wir unsere Sommerferien noch einmal in Menton verbracht. Es ging uns unter anderem darum, nach Antoine Bovis oder seinen Nachkommen zu suchen.

Menton ist ein idealer Ort und liegt, von Bergen umgeben, in Nähe von Monte Carlo, direkt an der italienischen Grenze. Die Freunde von Strand und Sonne kommen auf ihre Kosten, die Freunde von Bergtouren befinden sich nach einer halbstündigen Fahrt in 600 m Höhe und können dort herrliche und ruhige Wanderungen unternehmen, weitab von Lärm und Hektik. Man begegnet nur selten anderen Menschen. Nach einer weiteren Stunde Fahrt erreicht man bei La Vallee des Merveilles schon 1400 Meter, von wo aus man nach einer gut dreistündigen Wander- und Klettertour einen der schönsten Seen der Umgebung erreicht. Manchmal standen wir schon um 6 Uhr auf und machten uns in aller Frühe auf den Weg, um solche Touren zu unternehmen. Auch hier kommt wieder der Charakter des Zwillings zum Ausdruck, der zwei Urlaube gleichzeitig erleben will. Schön faul am belebten Strand herumliegen und im Meer schwimmen, aber auch in die Berge ziehen, in die geweihte Stille, die Blumen, die Natur.

Die Familie, die im Appartment neben uns jedes Jahr im Juli die Ferien verbringt, hat auch diese Zweigeleisigkeit in sich.

Vater liebt die Berge, Mutter und die beiden Töchter zieht es an den Strand.

So geschah es mehrfach, daß der Vater mit uns in die Berge ging, oder wir mit ihm, und wir einander besser kennenlernten. Jaques Corman, Sonne im Steinbock, ist ein vertrauenswürdiger Führer, ein unermüdlicher, einsamer Kletterer in den Bergen; er hat aber regelmäßig Schwierigkeiten mit seinem Knie. Ein Steinbock, wie er im Buche steht. Am letzten Tag unseres Aufenthaltes zeigte er mir ein Buch, das er in der örtlichen Bibliothek gefunden hatte. „Le livre des maitres du monde“ von Robert Charroux. Man sollte es nicht für möglich halten, doch in diesem Buch findet sich die Beschreibung einer wundersamen Pyramide, die sich 3 Kilometer über Nizza in Falicon befindet, das heißt, etwa 30 Minuten Fahrt von Menton. Wieder einer dieser Zufälle, die ich schon früher erwähnte. Es befanden sich ca. 10.000 Bücher in der Bibliothek von Menton und er nimmt sich genau dieses eine Buch heraus, und zwar aus einem ganz anderen

Grunde, als über Pyramiden zu lesen. Oder noch anders: Von den 100.000 Menschen in Menton ist es genau dieser eine Mann, der dieses eine Buch aus 10.000 ausleiht. Die Chance beträgt eins zu einer Milliarde.

Ich habe schon früher über diese Art Vorkommnisse im Zusammenhang mit Pyramiden geschrieben und will deshalb nicht weiter darauf eingehen.

Ich begann mit Spannung das Buch zu lesen und die Vorstellung erschien mir so eigenartig, daß wir beschlossen, die Pyramide zu suchen. Sie sollte irgendwo auf einem Berghang stehen. Man mußte eine besondere Erlaubnis einholen, um dorthin zu kommen, da der Weg über Privatgebiet führte. Ein Privatgrundstück, in einem so großen Land wie Frankreich, hat auch etwas zu bedeuten. Da es Wochenende war, würde die Sache ein schwieriges Unternehmen werden, doch es mußte „jetzt" passieren. Es war unser letzter Tag.

Ich fand es das Beste, gleich den Bürgermeister anzurufen, weil der Verfasser dieses Buches ebenfalls mit dem damaligen Bürgermeister die Pyramide untersucht hatte. Zu meiner Überraschung zeigte sich, daß es immer noch der gleiche Bürgermeister war, Nicolas Andrea. Er konnte mich leider an diesem Nachmittag nicht begleiten, doch er versicherte mir, die Erlaubnis zur Überquerung des Privatgrundstücks zu besorgen. Er riet mir auch, feste Schuhe anzuziehen, da die Stelle nicht so leicht erreichbar sei.

Mit Lotje, meiner Frau, meinem jüngsten Sohn Jan und Jacques Corman, zog ich los.

In Falicon angekommen, fanden wir es ratsam, noch etwas mehr über die Lage der Pyramide zu erfahren. Der Erste, den wir hierauf ansprachen, schien der Enkel des Bürgermeisters zu sein und war informiert. Er leitete Verkabelungsarbeiten am Fuß des Berges, auf dem die Pyramide steht.

Er erklärte uns genau, wie wir die Pyramide finden konnten und gab uns sogleich die Erlaubnis, das Gelände und die Pyramide zu betreten. Ich hatte mein Fernglas mitgenommen und wir konnten vom Dorf aus die Pyramide zwischen dem Grün und den Felsen erkennen. Nach einer ordentlichen Kletterei standen wir vor dem Überrest eines eigenartigen Bauwerks von ca. 10 Meter Höhe. Die Spitze war verschwunden und die Pyramide hatte einen Mauerausbruch, der wie ein Balkon aussah. Sie war aus den am Ort zu findenden Steinen gebaut und an der Oberfläche ziemlich glatt gearbeitet. Sie schien ganz massiv zu sein, doch sie wies einen großen Eingang an einer der Seiten auf. Dies war ein Zugang zu einem großen Raum unter der Pyramide. Der unterirdische Saal wurde von Rosetti im Jahre 1803 entdeckt. Er mißt ungefähr 20 Meter im Durchmesser. Im Osten des Saals befindet sich ein Altar mit 7 Stufen. Am Ende des Saales sind zwei Löcher im Boden. Eines ist nicht tief, das andere ist eigentlich mehr ein langer, vertikaler Gang, der erneut in einen tieferliegenden, 20 m hohen Saal führt, wo sich wiederum eine Pyramide von ca. 10 Meter Höhe befindet. Diese unterirdischen Säle waren nur mit besonderer Ausrüstung zu erreichen und wir nahmen uns vor, wie Rosetti im Jahre 1803, im nächsten Jahr wieder zurückzukehren, um zusammen mit einigen Speläologen die Sache gründlich zu erforschen. Was mich interessierte, war der Abstand des Altars zwischen der Spitze der unterirdischen Pyramide und der Basis der oberen.

Alles wies darauf hin, daß dieser Saal als Einweihungstempel verwendet wurde, wobei die Pyramiden die astralen Kraftquellen darstellten, um dem Eingeweihten zu helfen, wie es seinerzeit in Ägypten geschah.

Dem Buch zufolge soll über dem Eingang bis 1921 eine Swastika gehangen haben, ein heiliges Symbol der Jainisten. Die Jain-Hindus bauten, dem Autor zufolge, überall auf der Welt Pyramiden. Eigenartig ist, daß das älteste Dorf, das sich in der Nähe befindet, heute Gaina heißt. Früher wurde es Jaina und noch früher Jain geschrieben.

Im Jahre 1922 ließ sich eine Art Prophet oder Patriarch namens Gothland, in der Nähe der Pyramide nieder. Er schätzte anhand von Berechnungen der Verschiebung des Nordpols das

Alter der Pyramide auf 4333 Jahre, und ebenfalls vom Gedanken des Einweihungstempels ausgehend, benutzte er die Pyramide selbst für diesen Zweck. Auch die Templer im 12. Jahrhundert sollen den Eingang in den Saal gekannt haben. Da ich selbst schon einige Male mit äußerster Präzision das Alter antiker Vasen mit dem Pendel ermittelte hatte, machte ich mich auch hier an die Arbeit. Ich lehnte an einer der Seitenwände, als sich mir die Jahreszahl 1660 vor Christus aufdrängte.

Das Merkwürdige ist, daß ich kurz vor Verfassen dieses Kapitels, einen Blindversuch mit dem Pendel durchgeführt habe, der dieses Alter bestätigte. Ich schrieb dazu eine Reihe von Jahreszahlen auf ein Blatt Papier, das ich mit der Schrift nach unten, vor mich legte. Wieder zeigte mir das Pendel genau 1660 an. Ich wollte mich nicht so sehr auf meine Pendelkunst verlassen, doch war ein Alter von mehreren Tausend Jahren bei diesem Bauwerk nicht auszuschließen. Ich bin noch einmal auf die Pyramide geklettert, von der man wirklich eine prächtige Aussicht auf Nizza und das Mittelmeer hat. Auf der Spitze, besser gesagt in der Spitze der Pyramide, stellte ich einen gewaltigen Ausschlag des Pendels fest. Fast horizontal schlingerten mein Ankh, Turmalin und Aquamarin an ihrer goldenen Kette. Wenn ich kein Pendel zur Hand habe, verwende ich meine Halskette und die daran befindlichen Anhänger dienen als Gewicht. Es ist schon eigenartig, daß mir vor einigen Jahren jemand diesen goldenen Ankh mitgebracht hat, jemand, von dem ich überhaupt nicht wußte, daß er sich mit Pyramiden beschäftigte. Der Ankh, das Zeichen der Weihe im alten Ägypten, der Stab, mit dem die göttliche Genesungskraft durch die Priester an die Kranken weitergegeben wurde, der Ankh als Heiler. Ich hingegen bin am meisten von der Heilkraft der Pyramide gefesselt. Der Ankh um meinen Hals ist das Symbol für das, was in meiner Seele lebt. Der Ankh war bereits vorhanden, bevor ich auf die Kraft der Pyramide aufmerksam wurde. Hat die Kraft meiner Seele den Ankh angezogen oder hat der Ankh die in mir schlummernde Kraft der Seele freigesetzt? Im Grunde ist doch eines jeden

Umgebung der Spiegel seines Innersten. Entweder bin ich ein Teil des Ankh, oder der Ankh ist Verstofflichung eines Teils in mir.

Als wir dort oben noch ein wenig umherblickten, kam ein Kind, dem nach einer Weile eine Frau und zwei Männer folgten. Einer der Männer und das Kind waren hier schon früher einmal, seine Frau kam zum ersten Mal mit. Sie lebten in Nizza und ein Freund von ihnen beschäftigte sich viel mit dieser Pyramide und anderen eigenartigen Monumenten. Der andere Mann hatte langes blondes Haar und war sehr mager. Er schien Engländer zu sein und berichtete, daß er einmal im Steintempel von Stonehenge geschlafen hatte. Die Vibrationen dort seien so stark gewesen, daß er es beinahe nicht ausgehalten hätte. Er mußte also eine ganz empfindliche Natur sein. Von Pyramiden wußte er nicht viel, und er war mit seinem französischen Bekannten einfach auf eine Kletterpartie mitgegangen. Ich bat ihn, sich zu mir oben auf die Pyramide zu stellen und ruhig zu sein, um die Ausstrahlung der Pyramide und der Umgebung aufnehmen zu können.

Zuerst schaute er herum, doch dann bemerkte ich, wie er sich ein wenig versteifte. Er schloß die Augen und war ganz still. Das dauerte einige Minuten. Als er die Augen wieder öffnete, erklärte er voller Erstaunen, daß an dieser Stelle enorme Energien und Vibrationen spürbar seien, vergleichbar mit denen in Stonehenge. Er wollte wissen, wie dies möglich ist. Für ihn war es ein Rätsel.

Nach meiner Erklärung über Energiefelder schüttelte er den Kopf. „Seltsam", meinte er, „wäre ich zehn Minuten später oder an einem anderen Tag gekommen, hätten wir uns nie getroffen; und jetzt haben wir beide etwas gelernt und Erfahrungen gemacht, über die wir nachdenken können".

Ein merkwürdiger Mensch war er, und wahrscheinlich hat er von mir das gleiche gedacht.

Eine Pyramide von drei Metern Höhe

Eine Woche, bevor die Korrekturabzüge für dieses Buch zum Drucker zurückgeschickt werden sollten, ist endlich die große Versuchs-Pyramide von 3 Metern Höhe fertig geworden. Dieses Kapitel ist also in letzter Minute dazugekommen.

Die Pyramide, sie mißt an der Basis 4,71 Meter, ist ein Juwel geworden. Wie ein schneeweißes Zeugnis steht sie nun in Ekeren. So, wie die ursprüngliche Pyramide mit glänzend weißem Kalkstein verkleidet war, ist sie aus weißem harten Kunststoff hergestellt. Der soundsovielste Zufall wollte es, daß Johna Lamoral, Journalistin bei der Gazet van Antwerpen, in dieser Woche bei mir wegen eines Gesprächstermins anrief. Dadurch gelangte ein Photo dieser Pyramide in die Wochenendausgabe mit der Folge, daß sofort, noch bevor der Tag zu Ende war, zahlreiche Interessierte auf der Matte standen, um eine Pyramidensitzung zu erleben und zwanzig Minuten in diesem beruhigenden harmonischen Raum zu verbringen.

Wir wußten damals schon, daß das Kraftfeld sehr groß sein mußte, weil wir einen eigenartigen Vorgeschmack bekamen, bevor sie überhaupt fertig war.

Die Schreiner, die den Innenausbau der Pyramide ausführten, machten dort auch ihre Frühstückspause. Als ich zwei Tage später anrief, um noch eine Kleinigkeit zu regeln, erfuhr ich, daß die Quarzuhren der beiden Männer durch das Kraftfeld der Pyramide nicht mehr funktionierten.

Peter Vergouwen, Inhaber des Naturkostladens, vor dem das bewußte Monument steht, hat für die feine und geschmackvolle Ausarbeitung der Inneneinrichtung gesorgt. Um die Einrichtung noch zu vervollkommnen, stellte er einen Apfelsinenbaum in eine Ecke. Die Pflanze hatte eine Reihe vergilbter Blätter und war am Ende ihrer Kräfte, doch immer noch dekorativ genug, um in einer Ecke zu stehen. Vier Tage später stellte er fest, daß keine gelben Blätter mehr an den Zweigen hingen. Er fand sie jedoch nirgendwo auf dem Boden oder im Blumentopf. Bei näherer Untersuchung zeigte sich, daß die Blätter ihre grüne Farbe zurückerhalten hatten und mit einer Art feuchten Niederschlags bedeckt waren. An den in die Mitte der Pyramide zeigenden Zweigen wurden ein Wachstum von einigen Zentimetern und mehrere neue Triebe festgestellt. Hierdurch bekamen wir die korrekte Ausrichtung der Pyramide nach Norden und das bestehende Kraftfeld bestätigt.

In Höhe von einem halben Meter ist in der Mitte ein Podium errichtet, auf dem ein komfortabler Ruhesessel steht. Dadurch kann eine Person normaler Größe genau mit dem Hara Chakra auf einem Drittel der Pyramidenhöhe sitzen und reicht mit dem Kopf etwa in den Bereich des zweiten Drittels.

Ich gebe hier nun die Reaktionen von einem Dutzend Personen wieder, die zum ersten Mal dort waren, um einen Versuch zu unternehmen.

Jeder Besucher wird gebeten, ein Formular auszufüllen und zu beschreiben, warum er kam, wie er sich vorher und nachher fühlte.

R. V. L., 25 Jahre alt, Hoevenen
Vorher: abgehetzt und viele Schmerzen
Nachher: erleichtert und Schmerzen nachglassen

J. W., 59 Jahre alt, Berchem
Grund: um Energie zu tanken
Vorher: normal
Nachher: leichter und kräftiger
Bekam während des Aufenthalts gelbe und grüne Flecken vor den Augen, dann ein leichtes und kraftvolles Gefühl.

E., 52 Jahre alt, Berchem
Vorher: Schmerzen im Nacken
Nachher: wenig Veränderung, fast das Gleiche

F. D. B., 42 Jahre alt, Antwerpen
Grund: war in letzter Zeit geistig aus dem Gleichgewicht geraten und sehr nervös; konnte sich nicht konzentrieren und hatte keine Lust mehr zu arbeiten.
Vorher: nervös und angespannt
Während des Aufenthalts: spürte seinen Herzschlag in den Pupillen der Augen. Dieses Gefühl wanderte in den Hinterkopf und war dann nicht mehr spürbar.

Direkt nach dem Aufenthalt: fühlte sich ruhig und entspannt, zufrieden.

Zwei Stunden später: Er spürt, daß er wieder Lust hat, allerlei Dinge zu tun und fängt gleich an. Fühlt sich ausgeglichen und in der Lage, sich zu konzentrieren. Er empfand es als eine sehr gute Erfahrung und hat vor, wiederzukommen, wenn er sich wieder schlechter fühlt.

J. M., 61 Jahre alt, Ekeren
Vorher: steife Muskeln
Nachher: Leichtes Prickeln in den Beinen beim Verlassen der Pyramide.
Zwei bis drei Stunden später: merkt beim Gehen, daß die Muskeln geschmeidiger sind und fühlt sich viel besser.

J. V. D. M. l, 77 Jahre alt, Schoten
Vorher: sehr angespannt und nervös (das ist auch der Grund für seinen Besuch).
Nachher: entspannt, mit Prickeln in den Fingern.
Dieses Prickeln in den Fingern versprach ihr nichts Gutes, weil sie das immer vor einem Nervenzusammenbruch bekam. Zu Hause jedoch fühlte sie sich immer entspannter und verrichtete eine Menge Arbeiten, was sie sonst nicht getan hätte. Darüber hinaus fühlte sie sich auch noch abends ausgeruht.

Alle, bis auf einen Besucher, wollen wiederkommen. Aus diesen ersten Erfahrungen sind noch nicht viele Schlußfolgerungen zu ziehen, doch wir hoffen, bald einige hundert Menschen hiergehabt zu haben, um statistisches Material sammeln zu können. In allen Fällen setzt die Wirkung der Energie erst nach einigen Stunden ein. Wir werden unser Forschungsmethoden diesem Umstand anpassen müssen.

Entspannung, Ruhe und das Gefühl von Fitsein und Kräftigung, sind vorläufig die einzigen festen Werte bei einem Dutzend Menschen. Wir wollen diese Pyramide unterdessen auch für

Dehydrationsversuche, Pflanzenwachstum, Aufladen von Aluminiumfolie, Verbesserung der Qualität von Wein und Nahrungsmitteln usw. verwenden.

Es wäre Sünde, diese Kraftzentrale, die unter freiem Himmel steht und Energie direkt, ohne Behinderung aus dem Kosmos ziehen kann, nicht zu verwenden, um einen besonders guten Wein auf den Tisch zu bekommen. Ich bin immer schon dafür gewesen, das Nützliche mit dem Angenehmen zu verbinden.

Direkt vor der Veröffentlichung dieser zweiten Auflage wurde die Pyramide nach Brasschat gebracht. Rita Leukes, die einen Naturladen führt, hat die Pyramide in ihren Garten stellen lassen, mitten in einer ruhigen Villengegend. Eine eigene Arbeitsgruppe sorgt nun für die Betreueung derer, die sich dort entspannen wollen.

Für Termine kann man anrufen bei: Carduwel, Wilhelminasingel, NL – Vessem, Tel: 0031 / 4979-1500.

Neben den Erfahrungen die vorne in diesem Kapitel geschildert wurden, haben sich einige merkwürdige Dinge ereignet.

Eine Dame mit der Bürgerschen Krankheit (absterbende Gliedmaßen wegen Durchblutungsmangel) setzte sich in die Pyramide um Entspannung zu finden. Sie war sehr angespannt, weil sie in der nächsten Woche wieder einen ihrer Finger amputieren lassen mußte, der aufgrund mangelnder Durchblutung schwarz geworden war. Sie nahm nach ihrem Besuch eine aufgeladene Aluminiumfolie mit, die sie um den Finger wickelte. Zu ihrer Überraschung und der des Arztes platzte der Finger nach einigen Tagen auf, und eine unvorstellbare Menge Schmutz kam heraus. Dann wurde der Finger wieder heller.

Dem behandelnden Arzt zufolge war das „unmöglich", er sprach sogar von „Zauberei". Überrascht durch diese Entwicklung wurde die Amputation zunächst aufgeschoben, aber nach 3 Wochen zur Sicherheit des Patienten doch ausgeführt. Ich kann nicht sagen, ob das wirklich erforderlich war, jedoch weiß ich, daß man durch Homöopathie in manchen Fällen schwarz gewordene Gliedmaßen retten kann. Wäre diese Dame in die Pyra-

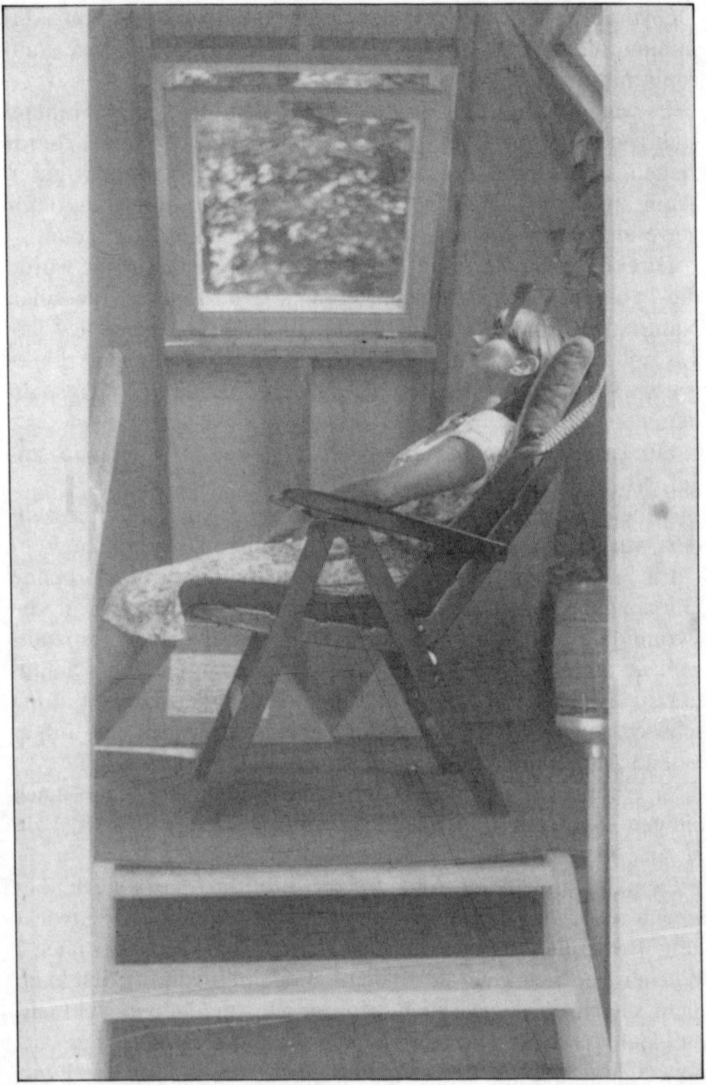

mide zurückgekommen und hätte die Energiebehandlung fortgesetzt, hätte sich vielleicht die spektakuläre Verbesserung ihres Zustandes fortgesetzt.

Aus diesen Gründen sollten wir dringend mehr Ärzte für die Untersuchung der Pyramidenenergie gewinnen.

Ein anderer merkwürdiger Fall ist der eines Mannes mit Arthrose. Er fand nur wenig Erlösung von seinen Schmerzen, während seiner Frau sehr gut geholfen wurde. Doch stellte er nach der Behandlung fest, daß er ohne Brille lesen konnte! Das hat 3 Tage angedauert. Er wird nun regelmäßig zurückkommen, um zu versuchen, diesen Zustand auf Dauer zu erhalten.

Ein ähnlicher Fall ereignete sich mit J. M. aus Edegem, der einen Fruchtsaft trank, welcher einige Tage unter einer kleinen Pyramide gestanden hatte. Er stieg einige Stunden später in seinen Wagen und stellte fest, daß er viel besser sehen und ohne Brille fahren konnte. Seitdem trinkt er jeden Tag Pyramiden-Wasser und braucht keine Brille mehr.

Er ist außerdem der Arbeitsgruppe von Omni-Scientia beigetreten, um bei unseren Forschungen mitzuarbeiten.

Herr B. aus Ekeren hatte wegen Steifheit und Arthroseschmerzen seinen geliebten Sport, das Bogenschießen, aufgeben müssen. Nach einigen Besuchen in der Pyramide und Anwendung der Aluminiumfolie wurden seine Muskeln wieder geschmeidiger und die Schmerzen verschwanden. Als ich ihn einen Monat später anrief, um zu erfahren, wie sich alles entwickelt hatte, sagte mir eine Damenstimme am Telefon, daß er zum Bogenschießen gegangen sei.

Eine Pflegerin bat, die Pyramide morgens eine Woche lang für zwei Stunden mieten zu dürfen, um ihr Examen vorzubereiten. Sie konnte sich zu Hause absolut nicht konzentrieren. Das Ergebnis war, daß sie in 1/3 der Zeit den ganzen Lehrstoff verarbeitet hatte und mit dem Ergebnis äußerst zufrieden war.

Es gibt auch einige Menschen, die kommen, um in der Pyramide zu meditieren. Die Beschreibungen ihrer Gefühle und Empfindungen sind nicht in Worte zu fassen. Diese Menschen waren alle, ohne Ausnahme, äußerst tief in Meditation versunken und hatten sehr glückliche Erfahrungen.

Das sind nur einige von vielen Berichten, manchmal mit lustigen Effekten, meist aber von überraschten Menschen. Und auch mit einigen Menschen, die direkt überhaupt nichts spürten. Doch es sind bei den 500 nur 2, die nicht mehr wiederkommen wollen: die anderen 498 wollen gerne noch einmal kommen oder kamen schon zurück.

Das ist der beste Ausdruck dafür, daß man einen Aufenthalt in der Pyramiden-Energiequelle als ein angenehmes Erlebnis erfährt, das entspannt, erfrischt und bei dem man sich besser fühlt. Eine Oase der Ruhe und Stille in dieser aufgewühlten Welt.

Nachbetrachtungen

In seinem Buch „Alchimie van het geluk" schreibt der große indische Weise und Mystiker, Soefi Inayat Khan, über den Sinn des Lebens. Er stellt fest, daß wir die Neigung haben, Genuß mit Glück zu verwechseln, doch Genuß ist nur ein Abklatsch des Glücks. Genuß ist eine Illusion, und in dieser Bewußtseinstäuschung kann der Mensch sein ganzes Leben auf der Suche nach Genuß verbringen, ohne jemals Befriedigung zu erlangen.

Glück darf man nicht außerhalb von sich selbst suchen, sondern nur in sich selbst. Es ist das Verlangen nach dem echten Gold, das den Menschen Katzengold sammeln läßt, nichts ahnend, daß das wahre Gold in ihm selbst zufinden ist.

Das ist die Botschaft, die die Pyramidenpriester Paul Brunton mitgaben: „Alle Wissenschaft, alle Weisheit liegt in Dir selbst, in Deinem göttlichen Leben"; wie in der Pyramide alle Kraft und Weisheit in der Königskammer gebündelt wird.

Es steht nun so gut wie fest, daß die Pyramide früher als Einweihungstempel diente, wobei der zu weihende Kandidat in dem offenen Grab liegen mußte und eine Art Scheintod starb. Hierbei mußte sein vom Körper befreiter Geist die schwersten Prüfungen und Versuchungen über sich ergehen lassen. War er ausreichend geläutert, wurde er als Eingeweihter aufgenommen.

In ihrem Buch „Einweihung", das ich einmal als Geschenk von Paul Kluwer erhielt, beschreibt Elisabeth Haich solch eine Einweihung. Sie berichtet, daß sie sich als Kind bereits an Dinge aus einem früheren Leben erinnerte. Diese Erinnerung vertiefte sich mehr und mehr, bis sie erkannte, daß sie früher einmal im alten

Ägypten gelebt hatte und bei einer hohen Feierlichkeit in die Mysterien des Glaubens eingeweiht wurde. Ein herrliches, fesselndes Buch.

Die Geschichte von Lazarus im Evangelium ist meiner Ansicht nach auch eine solche Einweihung gewesen. Christus kam als Hohepriester, der scheintote Eingeweihte wieder auferweckte. Christus selbst ist nach 3 Tagen wieder auferstanden; als Vorbild und nicht, weil er noch nicht eingeweiht war, denn Christus war der Allerhöchste Eingeweihte in unserem Gefüge, er war gleichsam der Sohn Gottes. Eigentlich sind wir alle Söhne Gottes. Wir müssen uns der Christuskraft, die in uns ist, bewußt werden, und wir werden diese Kraft selbst werden. Die indischen Weisen behaupten, daß es sich in einem einzigen Leben erreichen läßt, wir können es aber auch in verschiedenen Leben versuchen, vielleicht in tausenden von Inkarnationen.

Es ist allerdings wichtig zu wissen, daß wir in diesem Leben, dessen wir uns jetzt bewußt sind, das folgende vorbereiten. Wir haben dieses Leben auch ausgewählt, um in unserer Entwicklung weiterzukommen. Hier und jetzt haben wir die Möglichkcit, gut zu machen, was wir im vorigen Leben verpfuscht haben, und wir habcn uns dafür in der geistigen Welt auch entschieden, bevor wir geboren wurden. Die Menschen, die hier so viel scheinbares Unglück erleben, haben sich dafür entschieden, um schneller erlöst zu werden. Diese unglücklichen Menschen verdienen eigentlich die meiste Bewunderung, denn sie nehmen einen kürzeren Weg. Sollten Sie sich dessen „jetzt" bewußt sein, so bekäme Ihr Leben mehr Sinn. Es ist also auch so, daß alles das, was man aussendet, auf einen zurückfällt. Also aller Haß, den man aussendet, kommt als Haß auf einen zurück, jetzt oder später. Vergleichen Sie das mit dem Fegefeuer der römisch-katholischen Kirche. Alles, was man in Liebe tut, kommt als Liebe zu einem zurück. Der einzige Weg zur Weiterentwicklung in dieser Phase der Menschheit, ist der Weg der Liebe. Das ist der Weg, den Christus uns gezeigt hat. Buddha, gleichfalls einer der großen Eingeweihten, hat der Menschheit den Weg der Liebe offenbart, Christus hat uns durch sein Opfer die Kraft gegeben, den Weg zu gehen. Ich bin davon überzeugt, daß wir, je mehr wir von den Pyramiden erfahren, egal wie, über den Verstand, die Intuition, die Hellseherei, um so mehr einsehen, daß die Pyramide eigentlich das Symbol des Menschen selbst ist, der in sich selbst den Weg hin zu seiner Schatzkammer oder Königskammer finden muß, in der die Essenz (Esse, das Sein) verborgen liegt. Die Menschwerdung ist aus einem geistigen Wesen entstanden, das tiefer und tiefer in die Materie eintauchen mußte, um wieder zu seinem Anfangspunkt zu gelangen, doch reicher an Erfahrungen im Stoff und befähigt zu einem höheren geistigen Niveau aufzusteigen, gleich einem Engel der zum Erzengel wird.

Die Paramide nimmt ihren Ursprung an der Spitze und breitet sich mehr und mehr in die Materie aus, bis sie aus einer kolossalen Steinmasse besteht; dann vollzieht sich der Aufstieg erneut zur Spitze, wo sie immer weniger Materie braucht. Durch seine Materialisierung hat der Mensch eine Energie erweckt, eine Geisteskraft, die sich durch ihre Inkarnation im Stoff manifestiert. Die Pyramide war auch als Leuchtbake für die Menschheit bestimmt. Mit ihrer weißen Kalksteinabedeckung warf sie das Sonnenlicht in perfekter Weise auf die jahreszeitlichen Punkte Frühling und Herbst zurück. Pyr-a-mide könnte heißen: „Feuer in der Mitte“ oder „Vielfaches von 5“, auf das sich der Pyramidenbau stützt. Noch andere Bedeutungen wurden dem Namen gegeben, wahrscheinlich entsprechend dem Bewußtsein des Menschen, der sie betrachtete. Je mehr ich mich mit diesem Thema beschäftige, desto mehr gelange ich zu der Feststellung, daß die Pyramide auch eine Art Zusammenfassung all dessen ist, was auf Erden vor sich geht.

Eines Sonntagmorgens kamen wir zu Gabrielle Duytschver, einer merkwürdig begabten Frau, die in ihrem Horoskop die Sonne in einem Grad stehen hat, der andeutet, daß sie sich mit Edelsteinen und Kräutern beschäftigen sollte. Das hat sich als wahr erwiesen und sie hat damit hunderten von Menschen geholfen. Sie organisiert auch entsprechende Kurse. Für meinen Sohn

Jan hat sie einen Stein als Geschenk beiseite gelegt; dieser Stein enthält drei Elemente: Stoff, Seele, Körper. Sie sagte, daß man dadurch sehr gut schlafe und weniger Schlaf benötige.

Das war ein Ton, der mir sehr bekannt vorkam, nämlich eine der am meisten gepriesenen Eigenschaften der Pyramide.

Da kam mir der Gedanke, daß die Pyramide eine Bündelung der Heilkraft all der Kristalle und Halbedelsteine sei. Manche Steine arbeiten unter diesem Aspekt, andere wieder auf einer anderen Ebene, Amethyst für Migräne und Kopfschmerz, Achat um besser schlafen zu können, Bergkristall bei Rückenschmerzen. Die Pyramidenenergie hat jedoch auf alles einen Einfluß und ist eine Synthese aller Eigenschaften der Kräfte, die der Schöpfer der Erde mitgegeben hat. So, wie auch die weisen Magier von Atlantis all ihre Wissenschaft und göttliche Weisheit in die Pyramide einfließen ließen.

Nachdem ich in einem der vorigen Kapitel geschreigen habe, daß meiner Ansicht nach die Pyramidenerbauer über Kenntnis und Macht verfügt haben müssen, um die Schwerkraft aufheben zu können, begegnete mir der gleiche Gedanke in dem Buch „Einweihung". So sieht man wieder einmal, daß man immer etwas in dem Moment von jedandem bekommt, in dem man es braucht.

In diesem Buch beschreibt Elisabeth Haich, wie sie von einem Lehrmeister unterrichtet wird, der ihre Fragen beantwortet. Dieser Lehrmeister sagt ihr, daß die weisen Magier von Atlantis den Untergang vorhersahen, und manche von ihnen hätten sich mit all ihren speziellen Geräten, über die ganze Welt verstreut. Für sie war das erste, die Errichtung von Bauwerken, um ihre Geräte zu schützen, zu isolieren, um deren alles durchdringende Energie abzuschirmen.

Diese Bauerke nannten sie Pyramiden. So wurden überall in der Welt Pyramiden von den Weisen selbst oder deren Nachkommen errichtet, denen sie die Weisheit weitergegeben hatten. Auf die Frage, wie sie die riesigen Steine aufeinanderlegen konnten, erhielt sie die Anwort, daß diese Weisen über Geräte verfügten, mit denen sie die Kraft der Natur verstärken oder neutralisieren konnten. Durch Bestrahlung der Steine konnten die Schwingungen so erhöht werden, daß ein Kind die Steine heben konnte. Der Lehrer erwähnt auch, wie einige der Führer diese Energien mißbrauchten, um an die Macht zu gelangen. Dadurch wurde eine Art Kettenreaktion verursacht, die den ganzen Kontinent verwüstete.

Das gleiche sehen wir auch heute wieder: Kampf um die weltliche Macht läßt uns gefährliche Geräte entwickeln, die möglichst geheim gehalten werden, bis der eine oder andere Machthungrige sie für seinen persönlichen Vorteil oder den seines Volkes benutzt.

Selbst in kleinem Rahmen benutzt jeder seine eigenen Geräte, die langsam aber sicher die Erde und ihre Atmosphäre vergiften, oder er verwendet künstliche Mittel für vorübergehenden Komfort, die jedoch seinen ganzen Körper zugrunde richten. Was in kleinem Rahmen passiert, passiert auch kollektiv und im Großen. Es ist gar nicht so einfach, da nicht mitzumachen. Wir sind schließlich in diese Zeit inkarniert und diese Umstände werden uns vorgesetzt.

Wir haben darüber hinaus die Neigung, die Schuld anderen zuzuschieben, den Politikern oder Generälen. Doch wir übersehen, daß sie einfach eine Spiegelung dessen sind, was in uns lebt. Um Ihnen einmal ein extremes Beispiel zu geben: Nehmen wir einmal an, alle wahlberechtigten Europäer sollten dermaßen wieder Ehrfurcht vor der Natur und der Schöpfung Gottes bekommen, daß sie alle für die Grünen stimmten, weil diese die einzigen Vertreter ihres Wesens und Denkens seien. Dadurch würden nur Grüne an der Spitze stehen und könnten Maßnahmen ergreifen, um dem Niedergang der Erde entgegenzuwirken. Weshalb ist es jetzt anders? Weil wir andere Menschen wählen, genau solche Menschen wie wir selbst es sind. Und wenn diese Menschen dann ihren Einfluß benutzen, um Geld zu verdienen oder ihren Freunden eine Wohltat zu erweisen, dann sind das Eigenschaften, die kollektiv in uns sind. Sie sind einfach ein

Spiegelbild. „Ein Volk hat die Führer, die es verdient", diese Feststellung ist vielleicht unbewußt hierauf gegründet.

Daher gibt es nur eine Möglichkeit, um diese Tendenz aufzuhalten, und die lautet: bei sich selbst anfangen. Wenn das Hunderttausende tun, dann wird man die Veränderung feststellen. Doch selbst wenn man allein ist, stellt man das unmittelbar in der eigenen Umgebung fest.

Schließlich ist man ja allein für sich verantwortlich, für die eigene Entwicklung. Jemand anders kann, wenn die Zeit reif ist, das Licht auf dem Weg anzünden, doch niemand kann für einen selbst den Weg gehen. Jeder hat seinen eigenen Weg. Noud van den Eerenbeemt konnte das sehr schön beschreiben. Er sagte: „Was ich finde, findet darum ein anderer nicht, weil es nicht auf seinem Weg liegt".

Also sagen Sie nicht zu jemandem: „Ich finde, daß Du dies oder jenes tun mußt", denn er findet es vielleicht nicht auf seinem Weg, weil es dort einfach nicht liegt. Er kann also unmöglich unserer Ansicht sein. Daher sagt auch Kahlil Gibran: „Eure Kinder sind Eure Kinder nicht", man ist nicht wirklich für sie verantwortlich. Es sind andere Entitäten, die ihren eigenen Weg gehen müssen.

Man kann ihnen nur helfen, indem man das Licht entzündet. Geehrter Leser, die Tatsache, daß Sie bis zu diesen Zeilen durchgehalten haben, zeigt, daß auch Sie auf dem Weg sind und zu den Suchenden zählen. Das Buch ist keine Antwort, doch es beabsichtigt, mehr Fragen zu erwecken, und etwas hinter dem Schleier des Stofflichen vermuten zu lassen.

Ich hoffe von ganzem Herzen für Sie, daß Sie Ihre Suche fortsetzen und daß Sie dadurch vielleicht auch andere anspornen können.

Ich wünsche Ihnen viel Licht auf Ihrem Pfad und viel Liebe und Freundschaft in diesem Leben.

Petra Schneider · Gerhard K. Pieroth

LichtWesen Meisteressenzen

Ein Weg zur Meisterschaft im Leben · Eine systematische Einführung in die Energie der aufgestiegenen Meister

Warum geraten wir immer wieder in Schwierigkeiten, unangenehme Verhaltensmuster und Krankheiten? Dieses Buch bietet einen Weg zur Meisterschaft im Leben an. Das bedeutet über persönliche Grenzen hinauszuwachsen und bewußt zu werden. Die LichtWesen Meisteressenzen wirken auf mentaler, emotionaler, physischer und spiritueller Ebene und lösen Blockaden. Dadurch erhalten wir Mut zum Handeln, Vertrauen, Freude, können unsere Wahrheit erkennen und leben, das Leben genießen und Liebe erfahren. Dieses Buch ist eine systematische Einführung in die Arbeit mit den Essenzen für Anwender und Therapeuten.

280 Seiten · 3-89385-189-5
www.windpferd.com

Marion Röbkes

Wahrsagen mit Skatkarten

Legetechniken und Deutungen für Liebe, Partnerschaft, Beruf und Zukunftsplanung

Sie möchten wissen, was die Zukunft bringt, wollen erfahren, in welche Richtung sich Ihre Partnerschaft entwickelt, oder einfach nur, ob der morgige Tag einen positiven Aspekt hat? Fragen Sie Ihre Skat-Karten! Marion Röbkes verrät Ihnen alles Wissenswerte rund um die Deutung mit den vielbeliebten Spielkarten, die nahezu in jedem Haushalt vorrätig sind. Von Herz 7 bis Kreuz As, jede Karte birgt geheimnisvolles Wissen in sich, das Ihnen Zukünftiges offenbart – Sie müssen es nur richtig interpretieren!
"Wahrsagen mit Skatkarten" gibt es als Deutungsbuch, aber auch als Set, bestehend aus diesem Buch zusammen mit den "Wahrsage-Lern-Karten mit aufgedruckten Deutungen".

160 Seiten, 3-89385-321-9
www.windpferd.com

Henning Müller-Burzler

Das Handbuch für Allergiker

Das Allergie-Syndrom erkennen und heilen

Dieser umfassende Ratgeber gibt viele praktische Tips und Empfehlungen, mit denen Allergien und die damit verbundenen Erkrankungen erfolgreich und nachhaltig geheilt werden können.Da die meisten Allergien umweltbedingte Ursachen haben, ist eine dauerhafte Heilung nur dann möglich, wenn der Körper von den Umweltgiften befreit und das Immunsystem gestärkt wird. Neben einem 10-Punkte-Ernährungsprogramm für Allergiker und vielen naturheilkundlichen Therapieratschlägen wird in diesem Buch erstmalig die von Henning Müller-Burzler, Heilpraktiker und Allergiespezialist, entwickelte Vitamin-Entgiftung vorgestellt. Dabei handelt es sich um eine Kombination von fünf natürlichen Vitaminen, die den ganzen Körper von allen chemischen Umweltgiften, Medikamenten, Schwermetallen und Stoffwechselschlacken entgiften kann.

192 Seiten · ISBN 3-89385-335-9
www.windpferd.com

Thomas Kinkele

Spirituelles Räuchern

Das Enneagramm der Düfte: der Weg zur inneren Mitte, sinnhafte Erlebnisse, Rituale, Planeten, Signaturen, Alchimie, Archetypen, Räucherstoffe, Techniken, Utensilien, Ennearom und vieles mehr

Spirituelles Räuchern, ein praktisches Handbuch über alles, was man zum Räuchern wissen muß – und zugleich eine Fundgrube, die in puncto Symbolik und Kosmologie alle Register zieht.
Welcher Duft paßt zu mir? Welche Pflanze soll ich räuchern. Was bedeutet es, wenn ich einen Duft mag oder ablehne?
Aus einer Verschmelzung von Enneagramm und aromatologischer Entsprechung wurde ein äußerst wirkungsvolles Räuchersystem entwickelt, das den Vorgang der Verfeinstofflichung von Pflanzenmaterial zu einem alle Sinne erfassenden Erlebnis werden läßt.

256 Seiten ISBN 3-89385-350-2
www.windpferd.com

Shalila Sharamon · Bodo J. Baginski

Edelsteine und Sternzeichen

Edle Steine und ihre Beziehung zu den zwölf Tierkreiszeichen

Das Wesentliche über die Bedeutung der Edelsteine wurde zusammengetragen, wie und warum sie wirken – übersichtlich, anschaulich und lebendig. Der Hauptaspekt liegt dabei auf dem Heilen. Altes Wissen und neue Erkenntnisse über die Wirkung der Edelsteine sind zu einer Quelle zusammengeflossen, 35 der bekanntesten Edelsteine sind mit ihren Heilanwendungen ausführlich beschrieben, außerdem erfährt man, welcher Edelstein für welche Gelegenheit und welches Tierkreiszeichen förderlich ist. Man kann damit den für sich selbst wirksamsten Stein finden und – das ist keine Frage – weiß, wen man mit welchem Stein besonders glückbringend beschenken kann. Mit großer Indikationsliste.

192 Seiten, ISBN 3-89385-050-3
www.windpferd.com

Ulrike Hinrichs · Petra Schneider

Die großen Meister-Karten

Die Energie der Aufgestiegenen Meister

Das Set mit 21 wunderschön und einfühlsam illustrierten Karten weist den Weg zu den Aufgestiegenen Meistern.
Sie stellen eine höhere Oktave esoterischer Arbeit dar. Kommen wir in Kontakt mit ihren Energien, dann entsteht eine Verbindung zu geistigen Prinzipien, die das spirituelle Wachstum fördern.
Neben einer Anleitung zum Umgang mit den Karten und Legetechniken gibt das Deutungshandbuch ausführliche Hinweise zur Situation des Fragenden und eine Antwort mit Handlungsanweisung und weiteren Fragestellungen.
Ein Set, das viele Wege zur Selbstfindung und Selbsterkennung weist und ein spiritueller Ratgeber gleichermaßen.

64 Seiten und 22 Karten,
ISBN 3-89385-287-5
www.windpferd.com

Andreas Jell

Gesund durch Tachyon

Das umfassende Handbuch über Grundlagen, Anwendungs- und Therapiemöglichkeiten mit tachyonisierten Produkten

Die Einsatzgebiete von Tachyon-Energie sind nahezu unbegrenzt. Mittels dieser wunderbaren Energie der Zukunft erreichen Sie eine rundum bessere Lebensqualität.
Der Heilpraktiker Andreas Jell hat es an sich selbst und zahlreichen seiner Patienten immer wieder erlebt: Tachyon-Energie heilt schneller und besser als alles, was bisher auf diesem Planet dafür vorgesehen war. In seinem Buch erläutert er eindrucksvoll alle verschiedenen Tachyon-Produkte und ihre speziellen Einsatzgebiete. Andreas Jell ist einer der bisher vier weltweit autorisierten "Quality-of-One-Trainer" (Tachyon-Ausbilder). Er lebt in Iserlohn.

176 Seiten, 3-89385-297-2
www.windpferd.com

Thomas Dunkenberger

Das tibetische Heilbuch

Eine umfassende und grundlegende Einführung · Praktische Anleitungen zu Diagnose, Behandlung und Heilung mit der tibetischen Naturheilkunde

Leicht zugänglich und praxisorientiert wird für Behandler und Studierende der tibetischen Heilkunde das gesamte Spektrum der Anwendungsmöglichkeiten aufgezeigt, während gleichzeitig der Interessierte Hilfsmittel in die Hand bekommt, im ganzheitlichen Sinne selbst etwas für seine Gesundheit zu tun. Behandelt werden die klassischen tibetischen Diagnoseformen, wozu vor allem die Puls- und Harnuntersuchung gehören; Ratschläge zu Verhaltensweisen und Heilungsansätze über Ernährungsgewohnheiten, sowie als zusätzliche therapeutische Möglichkeiten Ölmassage, Moxibustion, Hydrotherapie, humorale Ausleitungsverfahren und vieles mehr. Auch die berühmten tibetischen Arzneimittel werden ausführlich vorgestellt.

256 Seiten, 3-89385-305-7
www.windpferd.com

Runjin Wu, Dr. Erika Alice Haase

Die Heilkraft Chinesischer Tees

Zubereitung und Heilanwendungen · Grüner Tee, Weißer Tee, Gelber Tee, Roter Tee, Schwarzer Tee, Oolong Tee, Blumentee

Gesund und fit, ruhig und gelassen, vital und ausdauernd – so sollten wir den Anforderungen des Alltags begegnen. Machen Sie sich die Weisheiten der traditionellen chinesischen Medizin zunutze und vertrauen Sie dem Jahrtausende alten und hundertfach bewährten Geschenk der Natur: Tee. Das Buch hilft Ihnen, die Signale Ihres Körpers im Sinne einer ganzheitlichen Therapie besser deuten und den entsprechenden Tee richtig und wirkungsvoll einsetzen zu können. Darüber hinaus unterhält es Sie mit wunderschönen Legenden einer für uns fremden Welt, weiht Sie in fernöstliche Traditionen ein und unterweist Sie im richtigen Umgang mit Tee. Kraft, Ruhe und Gelassenheit und eine stabile Gesundheit werden Sie künftig in Ihrem Alltag begleiten.

112 Seiten, 3-89385-307-3
www.windpferd.com

Angelika Hoefler

Die Psychologie des Namens

Wie Sie buchstäblich Menschen an ihrem Namen erkennen · Der Schlüssel zur Persönlichkeit

Die Psychologie des Namens ist ein unglaublich faszinierendes System der Namensanalyse. Jeder Buchstabe unseres Namens ist wie ein Mantra, ein heiliger Laut – und alle Buchstaben des Namens zusammen ergeben eine Melodie: unsere Lebensmelodie.

Der Name offenbart vieles: Möglichkeiten, uns zu verwirklichen, Bereiche, in denen wir unsere Energie optimal entfalten können, und wie unser Denken und Handeln oft miteinander jonglieren – und was daraus folgt. Wir sehen, wie wir sind, wie wir uns geben und wie andere uns sehen. Jeder Name ein aufgeschlagenes Buch, dessen Lektüre sich auf vielen Ebenen lohnt.

ISBN 3-89385-163-1
www.windpferd.com